C·H·Beck
PAPERBACK

Uwe Krüger

MAINSTREAM

Warum wir
den Medien nicht
mehr trauen

C.H.Beck

© Verlag C.H.Beck, München 2016
Satz: Janß GmbH, Pfungstadt
Druck und Bindung: Pustet Regensburg
Umschlagentwurf: Geviert, Grafik & Typografie, Michaela Kneißl,
unter Verwendung eines Motivs von Shutterstock
Printed in Germany
ISBN 978 3 406 68851 5

www.chbeck.de

INHALTSVERZEICHNIS

1.
Eine Vertrauenskrise wird unübersehbar 7

2.
Die vertrackte menschliche Wahrnehmung 25

3.
Die Suppe wird dünner 39

4.
Journalismus als «Index» der politischen Debatte 57

5.
Die Milieus der Mainstream-Macher 71

6.
Embedded in Eliten-Netzwerken 85

7.
Die Verantwortungsverschwörung 105

8.
Es geht ums Ganze 129

Quellennachweise 145

I.
EINE VERTRAUENSKRISE WIRD UNÜBERSEHBAR

Bei Ehepaaren genügt manchmal die offene Zahnpastatube, um tief unter der Oberfläche schwelende Konflikte aufbrechen zu lassen. In der Beziehung zwischen den großen deutschen Medien und ihrem Publikum war es der Sturz eines Präsidenten in einem osteuropäischen Land und die anschließende Annexion einer Halbinsel. Was im Frühjahr 2014 mit massivem Ärger über eine als unausgewogen empfundene Ukraine-Berichterstattung und ein zu negatives Russland-Bild begann, schwoll zu einer Fundamentalkritik an, die mit den Schlagworten «Mainstream-Medien», «Gleichschaltung», «Systemmedien» und «Lügenpresse» umrissen werden kann und die in ganz unterschiedlichen politischen Lagern und Milieus geteilt wird.

Umsturz in der Ukraine als Katalysator

Was war passiert? Von November 2013 bis Februar 2014 demonstrierten auf dem Maidan in Kiew hunderttausende prowestlich eingestellte Ukrainer gegen das kleptokratische Regime von Präsident Wiktor Janukowitsch, nachdem dieser einem geplanten Assoziierungsabkommen mit der EU überraschend eine Absage erteilt hatte. Die anfangs friedlichen Proteste schlugen in schwere Straßenschlachten um, am 20. Februar starben Dutzende Maidan-Demonstranten im Kugelhagel unbekannter Scharfschützen. Zwar unterzeichneten Regierung und Opposition unter Vermittlung der Außenminister Deutschlands, Frankreichs und Polens einen Vertrag, der die Situation in ruhigeres Fahrwasser bringen sollte – doch dieser wurde schnell hinfällig: Teile der Opposition erkannten die Vereinbarung nicht an, Janukowitsch floh außer Landes, und die Eliten der Euromaidan-Bewegung übernahmen die Macht im Staat. Kurz darauf kam es auf der Halbinsel Krim und in der Ostukraine zu Protesten gegen die neue pro-westliche Regierung, und auf der Krim tauchten alsbald uniformierte Bewaffnete ohne Hoheitsabzeichen auf. Diese russischen Soldaten übernahmen die Kontrolle über die Halbinsel und bereiteten ein Referendum vor, das die Krim – 1954 vom KPdSU-Parteichef Nikita Chruschtschow innerhalb der Sowjetunion von der russländischen Teilrepublik an die ukrainische Teilrepublik verschenkt – «zurück nach Russland» holte.

Ein faschistischer Putsch sei das in der Ukraine gewesen, von Amerika gesteuert, so die Propaganda aus Moskau. Man habe die ethnischen Russen auf der Krim vor dem neuen Regime schützen und ihr Recht auf Selbstbestimmung durchsetzen müssen. Eine demokratische Revolution sei das in der Ukraine gewesen, urteilten dagegen die Leitartikler der deutschen Leitmedien; und der Anschluss der Krim eine völkerrechtswidrige Annexion, die mit harten Sanktionen gegen Russland beantwortet werden müsse. Eine Deutung, gegen die tausende deutsche Leser, Hörer, Zuschauer und Internetnutzer Sturm liefen. Im März 2014, dem Monat der Krim-Krise, begann es,

1. EINE VERTRAUENSKRISE WIRD UNÜBERSEHBAR

dass binnen Minuten hunderte kritische Leserkommentare unter Online-Artikeln auf süddeutsche.de, Spiegel Online oder Zeit Online erschienen, in der die Deutungsmuster der Beiträge in Frage gestellt, auf alternative Informationsquellen verwiesen und die Autoren beschimpft wurden. Viele Kommentatoren schrieben, sie hätten den jeweiligen Artikel gar nicht zu Ende gelesen, sondern seien gleich zu den Nutzerkommentaren gesprungen, denn dort hätten sie mehr erfahren.

«Ich protestiere hiermit aufs Schärfste gegen Ihre einseitigen Berichte zur Krim-Krise», schrieb ein Hörer dem öffentlich-rechtlichen Deutschlandfunk, und ein anderer: «Wer täglich dem ‹Stahlhelmsender› lauscht, also der Kampagne des Deutschlandfunk gegen Russland, die die Öffentlichkeit stramm auf NATO-Kurs halten sollen, dann bekommt man schon Angst um unsere Sicherheit und den Frieden in Europa. Vielleicht sollte ein vom deutschen Bürger finanzierter Staatssender sich doch weniger der Eskalation von politischen Krisen widmen.»[1] Ein Nutzer von tagesschau.de fragte, warum die Abstimmung auf der Krim illegal sein solle, aber die Absetzung Wiktor Janukowitschs nicht: «Diese ekelhafte Doppelmoral, unterstützt durch die Systempresse, ekelt mich an.» «Was soll dieses hartnäckige Propagandageschwurbel», wurde bei faz.net ein Autor angegangen, denn in seinem Artikel unterschlage er «gewollt wichtige Details und ganze Sinnzusammenhänge».[2]

Wesentliche Fakten unterschlagen

Tatsächlich hat der deutsche Medien-Mainstream in der Ukraine-Frage nicht nur ein sehr enges Meinungsbild präsentiert. Es gab auch eine Reihe von Falschinformationen, falschen Bebilderungen[3] und vernachlässigten Fakten, die alle in dasselbe Muster passten: Sie nutzten der Maidan-Bewegung und gingen zu Lasten der prorussischen Fraktion. Einige Beispiele für Themenaspekte, die weitgehend unter den Tisch fielen:

1.) Der Regierungswechsel in Kiew war verfassungsrechtlich tatsächlich ein Staatsstreich, ein Putsch – Janukowitsch war durch eine einfache Abstimmung im Parlament abgewählt worden, hätte aber eigentlich durch ein Amtsenthebungsverfahren abgesetzt werden müssen.[4] Spiegel Online hat das gequält eingeräumt, mit einer zweifachen Distanzierung von diesem Argument von Russlands Präsident Wladimir Putin («‹Rein juristisch› hat Putin recht»)[5], aber es spielte keine Rolle in der weiteren Berichterstattung.

2.) Am Erfolg der Euromaidan-Proteste waren tatsächlich militante Radikal-Nationalisten und Rechtsextreme maßgeblich beteiligt, nämlich die Partei Swoboda und der paramilitärische Rechte Sektor. Swoboda, die auch vor Waffen-SS-Nostalgie und öffentlicher Gewalt nicht zurückschreckte, bekam Ministerposten in der Übergangsregierung, auch dem Chef des Rechten Sektors wurden verschiedene Posten angeboten.[6]

3.) Die Euromaidan-Spitzen wurden vor, während und nach den Protesten massiv vom Westen unterstützt. So taten sich der US-Senator John McCain, die US-Vize-Außenministerin für Europa Victoria Nuland und Deutschlands Außenminister Guido Westerwelle als Redner auf dem Maidan hervor und unterstützten die Demonstranten gegen ihren – immerhin demokratisch gewählten – Präsidenten. Vitali Klitschko und seine Partei Udar erfreuten sich der Unterstützung von Angela Merkel, der Konrad-Adenauer-Stiftung und der Europäischen Volkspartei.[7] Aus Steuermitteln der USA kamen seit 1991 über 5 Milliarden US-Dollar für die Demokratisierung der Ukraine, wie Victoria Nuland vom US-Außenministerium auf einer Konferenz erklärte;[8] und in einem Telefonat mit dem US-Botschafter in Kiew während der Maidan-Krise machte sie deutlich, dass Washington sehr genaue Vorstellungen von der politischen Zukunft der Ukraine hatte. Auch wer in die Regierung gehen solle: nicht Klitschko, der Favorit der EU, sondern Jazenjuk.[9] Und Premierminister wurde tatsächlich Jazenjuk. Dieser pflegte schon länger gute Beziehungen zur Nato und den USA: Über seine Stiftung «Open Ukraine – Arsenij Jazenjuk Foundation» verteilt er seit 2007 unter anderem Gelder vom US-Außenministerium, der Nato und dem German Marshall Fund of the United States.[10] Bereits beim vorangegangenen Regimewechsel in der Ukraine, der Orangenen Revolution von 2004, wurde der pro-westliche Kandidat Wiktor Juschtschenko mit Millionen Dollar US-Steuergeldern unterstützt, die über die Stiftungen National Endowment for Democracy, National Democratic Institute und International Republican Institute flossen; damals wurde in Kiew kofferweise Bargeld aus den USA zur Unterstützung der Opposition angeliefert, wie der Spiegel enthüllte.[11] Die emeritierte Politik-Professorin Mária Huber, ehemalige Moskau-Korrespondentin der Zeit, urteilt über die amerikanischen

Bemühungen des Demokratie-Exports in die Ukraine, es gehe grundsätzlich um Geopolitik und Einflusszonen, vor allem um die Eindämmung Russlands. Fortschritte in der Demokratisierung seien bestenfalls ein Kollateralnutzen: «Demokratieförderung ist das billigste Instrument, um den amerikanischen Einfluss auszuweiten.»[12]

4.) Wer für die Scharfschützenmorde auf dem Maidan vom 20. Februar 2014 verantwortlich ist, die dem Sturz von Janukowitsch unmittelbar vorausgingen, wurde nicht geklärt. Deutsche Medien übernahmen größtenteils die Interpretation der Euromaidan-Spitzen, Janukowitschs Sicherheitsleute hätten die Morde auf dessen direkten Befehl verübt. Recherchen von Journalisten (u. a. des ARD-Politmagazins Monitor[13]) und eines Politikwissenschaftlers[14] ergaben jedoch, dass die meisten Schüsse von Gebäuden abgegeben wurden, die zur fraglichen Zeit in der Hand des Rechten Sektors waren – Ergebnisse, die in die mediale Diskussion nicht eingingen.

5.) Erstaunlich wenig Interesse zeigten die deutschen Medien auch an einem grausamen Gewaltexzess in der südukrainischen Hafenstadt Odessa, das auf das Konto von militanten Maidan-Anhängern ging. Mindestens 46 pro-russische Aktivisten kamen am 2. Mai 2014 im und vor dem brennenden Gewerkschaftshaus der Stadt ums Leben: Sie verbrannten, starben beim Sprung aus den Fenstern oder wurden totgeschlagen. Das Ereignis selbst wurde von vielen Medien ignoriert, und die Frage, wer die Opfer und wer die Täter waren, ließ man oftmals unter den Tisch fallen.[15]

Die Liste ließe sich problemlos verlängern: mit dem Absturz von Flug MH-17 und den voreiligen Schuldzuweisungen (u. a. mit dem Spiegel-Cover «Stoppt Putin jetzt!»);[16]

mit der Festnahme von Bundeswehroffizieren, die tagelang fälschlich als «OSZE-Militärbeobachter» deklariert wurden, obwohl die OSZE sofort klargestellt hatte, dass die Männer nicht zur OSZE-Mission gehörten;[17] oder mit der Falschmeldung in ARD und ZDF, zwei Einwohner in der ostukrainischen Kleinstadt Krasnoarmeysk seien durch Kugeln von Separatisten gestorben.[18] Nach einigen Monaten medialer Einseitigkeiten kam sogar der politisch in dieser Frage völlig unverdächtige Medienkritiker Stefan Niggemeier ins Grübeln. Er glaube zwar nicht, «dass viele deutsche Journalisten in irgendeinem engeren oder weiteren Sinne gekauft sind. Ich glaube aber, dass sie nicht unvoreingenommen sind. Dass die Berichterstattung tatsächlich, vermutlich oft unterschwellig und unbewusst, geprägt ist von einer klaren Überzeugung, dass es hier eine gute Seite und eine böse Seite gibt. Dass man den Aussagen der einen Seite prinzipiell glauben kann, bis das Gegenteil erwiesen ist, und den Aussagen der anderen Seite prinzipiell nicht glauben kann, bis das Gegenteil erwiesen ist.»[19]

Dies alles heißt nicht, dass das vom Kreml gezeichnete umgekehrte Bild der ukrainischen Ereignisse der Wahrheit entspräche. Wohl aber hätte das von den deutschen Leitmedien gezeichnete Schwarz-Weiß-Bild dringend einiger Grautöne bedurft. Man stelle sich vor, all diese Informationen, deren Überbringer gern als «Putin-Versteher», wenn nicht gar «Verschwörungstheoretiker» diffamiert wurden, wären Anfang 2014 in die Medienberichterstattung eingeflossen: Die Geschichte von der ukrainischen Revolution wäre weit weniger eindeutig gewesen und hätte weniger Potenzial zur Empörung geboten.

Man merkt die Absicht und ist verstimmt

Ein Teil des Publikums reagierte allerdings nicht mit Empörung über Putin, sondern mit Empörung über die Medien – ganz gemäß dem Bonmot von Kurt Tucholsky: «Man merkt die Absicht und ist verstimmt.» Auch der Programmbeirat der ARD übte Kritik. In einem internen «Resümee zur Ukraine-Berichterstattung» vom Juni 2014, das an das alternative Nachrichtenportal Telepolis durchgestochen wurde, schrieb er, «dass die Berichterstattung im Ersten über die Krise in der Ukraine teilweise den Eindruck der Voreingenommenheit erweckt hat und tendenziell gegen Russland und die russischen Positionen gerichtet war». Engagement und Einsatz der Reporter/innen vor Ort seien anzuerkennen, jedoch seien «wichtige und wesentliche Aspekte nicht oder nur unzureichend beleuchtet worden, obwohl sie für ein Urteil über die Situation essenziell gewesen wären».[20] Der ARD-Chefredakteur Thomas Baumann wies die Kritik «energisch zurück» und verwies auf «zahlreiche Beiträge, Sendungen und Sondersendungen im Ersten Programm, die in der Summe die Lage in der Ukraine und die Ursachen der Krise differenziert und unter verschiedenen Aspekten thematisiert haben».[21] Nur scheint genau das das Wesen des Mainstreams in einer demokratischen Mediengesellschaft zu sein: dass kritische Perspektiven und abweichende Meinungen durchaus einmal vorkommen, aber keinen Einfluss auf die Folgeberichterstattung und die von Tag zu Tag fortgesetzte Erzählung der Geschehnisse in den Hauptnachrichtensendungen und großen Zeitungen haben.

Im Dezember 2014 wandten sich 63 prominente Ex-Politiker, Künstler und Intellektuelle, darunter Roman Herzog, Gerhard Schröder, Antje Vollmer und Wim Wenders, mit einem Appell unter dem Titel «Nicht in unserem Namen» gegen die westliche Ukraine-Politik und appellierten darin auch an die Medien, «ihrer Pflicht zur vorurteilsfreien Berichterstattung überzeugender nachzukommen als bisher».[22] Bezeichnend war, dass das Manifest zwar auf Zeit Online veröffentlicht wurde, aber keine TV-Nachrichtensendung aktuell darüber berichtete – trotz der geballten Prominenz, die dem Ereignis eigentlich Nachrichtenwert gegeben hätte. Die wenigen Zeitungen, die den Aufruf beachteten, verurteilten ihn fast ausnahmslos im Gleichklang mit amtierenden Politikern.

Abwehr und Verdrängung

Die kritisierten Medien reagierten mit Abwehr und Verdrängung. Viele Nutzerkommentare, auch sachliche, wurden etwa bei Spiegel Online, Zeit Online und tagesschau.de gelöscht und Nutzer gesperrt. In der heißen Phase war die Kommentarfunktion von faz.net tagelang abgeschaltet. Süddeutsche.de schaffte im September 2014 die Kommentarfunktion unter Artikeln ganz ab, lagerte Diskussionen in die sozialen Netzwerke aus – und löschte dabei auch gleich alle alten Nutzerkommentare, so als ob es den ganzen Spuk nie gegeben hätte.

Beliebt war der Vorwurf von Medienschaffenden, die Kritik an der Ukraine-Berichterstattung stamme von «Putin-Trollen», vom Kreml bezahlten Agenten, die versuchten, die öffentliche Meinung im Sinne Russlands zu manipulieren. Zwar gab es in St. Petersburg erwiesenermaßen eine «Troll-Fabrik», in denen bezahlte Social-Media-Redakteure Kreml-freundliche Positionen in die Welt setzten, jedoch offenbar vorrangig im russischsprachigen Netz.[23] Doch die Flut der empörten Leserbriefe, Nutzerkommentare, Facebook-Posts, Twitter-Tweets und Blog-Einträge ist damit nicht einmal ansatzweise zu erklären. Schließlich erlebte in den Abwehrversuchen der etablierten Publizisten gegen die «Mainstream»- und «Gleichschaltungs»-Vorwürfe der Gegenvorwurf «Verschwörungstheoretiker» eine wahre Blüte. Von einer «Spielwiese für Verschwörungstheoretiker» sprach Tagesschau-Chef Kai Gniffke.[24] Der bekannte Investigativ-Journalist Hans Leyendecker, der selbst schon manche Verschwörung aufgedeckt hat (Flick-Affäre, CDU-Parteispendenaffäre, Plutoniumschmuggel beim BND), beklagte sich in der Süddeutschen Zeitung über den «bösen Blick», den viele Leser nun auf «das Treiben der Journalisten» würfen und sich oft nur in ihrem Verdacht bestätigt sehen wollten, dass alle «zentral gesteuert» und «schrecklich miteinander verbunden» seien.[25] Als Reaktion auf die Welle der Kritik widmete Die Zeit Verschwörungstheorien im Herbst 2014 gleich eine ganze Serie («Verschwörung der Woche») und führte dort leicht zu widerlegende Extrem-Theorien ad absurdum (Vergiften uns Flugzeuge planmäßig mit ihren Kondensstreifen? Ist der IS eine Machenschaft von CIA und Mossad?), schrammte dabei aber am Kern der Sache vorbei. Während man sich auf abgedrehte Verschwörungsideologen einschoss, stieß man all jene skeptischen Nutzer vor den Kopf, die argwöhnten, die offensichtlichen Einseitigkeiten und der frappierende Gleichklang bei bestimmten Themen könne etwas mit informeller Kommunikation, Absprachen und Druck auf einer öffentlich nicht

sichtbaren politisch-medialen Hinterbühne zu tun haben –
und dies ist, wie wir in einem späteren Kapitel sehen werden, wohl ein Gutteil der Lösung des Rätsels, wie in einer
freiheitlichen und pluralistischen Demokratie medialer
Gleichklang zustande kommen kann.

Frank-Walter Steinmeier –
ein Verschwörungstheoretiker?

Genau genommen rückten Leyendecker & Co. damit
sogar Bundesaußenminister Frank-Walter Steinmeier in
die Nähe von Verschwörungstheoretikern. Denn der bekannte in jenen Herbsttagen 2014 auf einer Medienpreis-Gala vor Journalisten und Verlagsmanagern: «Wenn ich
morgens manchmal durch den Pressespiegel meines Hauses blättere, habe ich das Gefühl: Der Meinungskorridor
war schon mal breiter. Es gibt eine erstaunliche Homogenität in deutschen Redaktionen, wenn sie Informationen
gewichten und einordnen. Der Konformitätsdruck in den
Köpfen der Journalisten scheint mir ziemlich hoch.»[26]

Eine Reihe weiterer namhafter Persönlichkeiten haben
ähnliche Vermutungen geäußert. Julian Nida-Rümelin,
ehemaliger Kulturstaatsminister unter Kanzler Schröder
und heute Philosophie-Professor an der Universität München, bemängelte in der Süddeutschen Zeitung, dass wichtige Fragen zur Ukraine-Krise nicht gestellt würden und
dass «die Mainstream-Berichterstattung die journalistischen Gebote der Sorgfalt und Vollständigkeit, der Distanz
und der Objektivität verletzt». Seine Empfehlung: «Wer sich
ein vollständiges Bild machen will, ist gut beraten, sich
nicht nur auf die Mainstream-Medien zu verlassen, sondern

auch andere Informationsquellen heranzuziehen.»[27] Die großen Medien jedenfalls zeigten «auffällig wenig Resistenz gegen eine Ideologisierung der Außenpolitik des Westens», ergänzte er auf stern.de. «In einer voll entwickelten Demokratie erwartet man aber (…) eine gewisse kritische Distanz gegenüber Nato- und CIA-gesteuerten Informationen.»[28]

Der Herausgeber des Handelsblatts, Gabor Steingart, befand in Sachen Ukraine-Berichterstattung: «Das Meinungsspektrum wurde auf Schießschartengröße verengt. Blätter, von denen wir eben noch dachten, sie befänden sich im Wettbewerb der Gedanken und Ideen, gehen im Gleichschritt mit den Sanktionspolitikern auf Russlands Präsidenten Putin los. (…) Westliche Politik und deutsche Medien sind eins.»[29]

Manfred Bissinger, einst Stern-Journalist, langjähriger Chefredakteur der Zeitung Die Woche und anschließend Geschäftsführer im Hoffmann und Campe Verlag, schrieb in einem Essay, der Journalismus sei dabei, «seine Wächterfunktion aufzugeben. (…) Medien werden – oft nicht zu Unrecht – als gleichgeschaltet (ja, das ist ein schreckliches Wort) empfunden.»[30] Franziska Augstein, Tochter des Spiegel-Gründers Rudolf Augstein und Redakteurin der Süddeutschen Zeitung, kritisierte bereits 2005, dass es neben der «industriellen Pressekonzentration» (also der Tatsache, dass Presseerzeugnisse in der Hand von immer weniger Eigentümern liegen) noch eine zweite, eine «ideelle Pressekonzentration» gäbe: «Es handelt sich um die Selbstgleichschaltung der deutschen Presse. Das klingt auf Anhieb schrecklich, ist aber ein ganz freundlicher Prozess, der von der Öffentlichkeit unbemerkt vonstattengeht.»[31] Auch der Chefredakteur der Wirtschaftswoche, Roland Tichy, konstatierte drei Jahre später eine «freiwillig gleichgeschaltete Presse». Er beobachtete «eine zunehmende Normierung unseres Denkens», «Vereinheitlichung der Medien» und «eine Verarmung der Recherche, der Analyse und der Meinungsvielfalt».[32]

Katastrophale Umfragewerte

Ein ähnliches Gefühl haben offenbar auch viele Menschen außerhalb der Redaktionsbüros. Mittlerweile gibt es eine beachtliche Ansammlung an repräsentativen Umfragen, die Medienmachern zu denken geben sollten.

1. Für das NDR-Medienmagazin Zapp führte das Meinungsforschungsinstitut Infratest dimap im Dezember 2014 eine Umfrage durch, die ergab: Nur 29 Prozent der Befragten hatten sehr großes oder großes Vertrauen in die Medien. Die «Vierte Gewalt» stand im Vergleich mit den drei staatlichen Organen Bundesverfassungsgericht, Bundesregierung und Bundestag am schlechtesten da. Befragt zu drei einzelnen Medienthemen, hatten nur 33 Prozent Vertrauen in Berichte zum «Ukraine-Konflikt zwischen Russland und dem Westen», nur 42 Prozent vertrauten Berichten «zum Krieg des sog. ‹Islamischen Staat› in Syrien und dem Irak», und immerhin 54 Prozent hatten Vertrauen bei einem innenpolitischen Thema, dem «Lokführerstreik». Wer gegenüber der Ukraine-Berichterstattung Misstrauen hegte, bemängelte vor allem Einseitigkeit bzw. fehlende Objektivität, bewusste Fehlinformation seitens der Medien, und dass die Berichterstattung von der Politik gesteuert bzw. beeinflusst werde.[33]
2. Dasselbe Institut führte im Juni 2015 eine ähnliche

Befragung für die Wochenzeitung Die Zeit durch, mit etwas besseren Ergebnissen für die Medien. Demnach hatten 39 Prozent großes bis sehr großes Vertrauen. Dass ihr Vertrauen in die politische Berichterstattung in den vergangenen Jahren gesunken sei, gaben 28 Prozent der Befragten an. Zu konkreten Medienthemen befragt, hatten nur 32 Prozent Vertrauen beim «Ukraine-Konflikt zwischen Russland und westlichen Ländern», nur 35 Prozent bei der «Schulden-Krise in Griechenland», 40 Prozent bei den «Protesten des Islam-kritischen Bündnisses ‹PEGIDA› in Dresden» und 48 Prozent bei der «Flüchtlingsproblematik im Mittelmeer». Die Misstrauischen wurden nach ihren Gründen befragt, genannt wurden vor allem «bewusste Fehlinformation und Manipulation», «Einseitigkeit», «handwerkliche Fehlleistungen, etwa schlechte Recherchen», sowie «fehlende Unabhängigkeit».[34]

3. Glaubt man einer im Dezember 2014 durchgeführten Befragung des Instituts YouGov für Zeit Online, haben 47 Prozent der Deutschen «den Eindruck, dass die Medien in Deutschland einseitig berichten und von der Politik gelenkt würden». Leider ist die Frage unprofessionell gestellt worden, denn sie besteht aus zwei Fragen – was soll jemand antworten, der eine einseitige Berichterstattung wahrnimmt, aber keine Lenkung seitens der Politik unterstellt? Ungeachtet dieses methodischen Mangels ist die Zustimmung zu dieser Frage beeindruckend, noch mehr, wenn man sich anschaut, wer hier «Ja» gesagt hat. Denn ein solcher Verdacht ist kein Privileg von Ungebildeten oder Abgehängten: Bei den Befragten mit Abitur und Hochschulabschluss sowie dem höchsten Monatseinkommen war die Zu-

stimmung am größten. Und: Es stimmten mehr Ostdeutsche als Westdeutsche zu.[35] Man könnte argwöhnen, die ehemaligen DDR-Bürger hätten noch nicht begriffen, dass die Medien in der bundesdeutschen Demokratie frei sind. Vielleicht haben sie aber auch einen besseren Riecher für das Problem, weil sie den Sound gleichgeschalteter, zentral gelenkter Medienberichterstattung noch aus eigenem Erleben kennen.

4. Eine Umfrage von Infratest dimap für den WDR im Oktober 2015 ergab zwar ein recht hohes Vertrauen in die Institutionen «Öffentlich-rechtlicher Rundfunk» und «Tageszeitungen». Aber 37 Prozent der Befragten gaben an, dass ihr Vertrauen in die deutschen Medien in den vergangenen Jahren gesunken sei. 42 Prozent glauben, «dass den deutschen Medien von Staat und Regierung vorgegeben wird, worüber sie berichten sollen», und 20 Prozent, also jeder Fünfte, würde sogar von «Lügenpresse» im Sinne der Pegida-Bewegung sprechen.[36]

5. Einen noch höheren Anteil diesbezüglich ergab eine Umfrage des Allensbach-Instituts für die FAZ vom Dezember 2015: Dass an dem «Lügenpresse»-Vorwurf etwas dran sei – in dem Sinne, «dass die Medien angeblich nicht objektiv berichten, sondern Sachverhalte verdrehen oder bestimmte Tatsachen ganz verheimlichen» – bejahten ganze 39 Prozent der Befragten. Zwar waren 52 Prozent zufrieden mit der Medienberichterstattung generell, aber 47 Prozent gaben an, dass sie speziell die Berichterstattung über die Flüchtlingssituation nicht ausgewogen finden.[37]

Zu wenige konkurrierende Meinungen

Das Misstrauen ist nicht ganz neu und war auch schon vor dem sichtbaren Ausbruch der großen Vertrauenskrise da. Das zeigen nicht nur die regelmäßigen Allensbach-Umfragen zum Berufsprestige (aktuell würden nur 13 Prozent der Deutschen den Journalismus zu den fünf Berufen zählen, vor denen sie am meisten Achtung haben – was niemals großartig anders war).[38]

Schon vor Jahren deuteten zwei von Kommunikationswissenschaftlern durchgeführte Bevölkerungsbefragungen auf gravierende Defizite in der Glaubwürdigkeit der Medien hin. Eine Studie der Technischen Universität Dresden ergab, dass zum Jahreswechsel 2007/08 nur 35 Prozent aller Deutschen Vertrauen in Journalisten hatten. Vor allem die Jüngeren waren sehr misstrauisch: Unter den Nachwuchs-Mediennutzern zwischen 18 und 24 Jahren gaben nur 24 Prozent an, dieser Berufsgruppe zu vertrauen. Die Forscher fanden auch Hinweise darauf, dass das dargebotene Meinungsspektrum als zu eng empfunden wurde: «Das Publikum sieht sich erheblich unterversorgt: Die Bürger kritisieren, dass ihnen der Nachrichtenjournalismus zu wenige Hintergründe, Fakten und konkurrierende Meinungen anbietet.» Überversorgt sahen sich viele hingegen mit einer Berichterstattung, die «Emotionen und Gefühle weckt». Und: Zwei Drittel der Befragten hielten Journalisten für korrupt, weil sie «Medieninhalte nach eigenen kommerziellen Interessen und nicht nach ausschließlich journalistischen Kriterien auswählen».[39] Ähnliche Vorbehalte ergab eine Online-Befragung von 1000 Personen durch die Macromedia-Fachhochschule in München und das Marktforschungsinstitut YouGovPsychonomics: 59 Prozent unterstellten den Journalisten Beeinflussbarkeit durch die Interessen der Wirtschaft und der Politik. Dass Journalisten an einer wahrheitsgemäßen Berichterstattung interessiert sind, glaubten nur 46 Prozent.[40] Besonders kritisch zeigten sich übrigens Frauen und – wieder mal – die Ostdeutschen.

Nun hat sich das Problem in den letzten Jahren aber offensichtlich verschärft. Laut dem «Globalen Korruptionsbarometer» von Transparency International nimmt die deutsche Bevölkerung die Medien sogar als zunehmend korrupt wahr. Auf einer Skala von 1 (überhaupt nicht korrupt) bis 5 (höchst korrupt) stieg die wahrgenommene Korruptheit der Medien zwischen 2004 und 2013 von 3,1 auf 3,6. Als korrupter gelten nur noch politische Parteien und die Privatwirtschaft; hingegen erscheint sogar, trotz aller Politikverdrossenheit und allem Lobbyismus, das Parlament integrer.[41]

Die Ukraine-Krise und weitere Entwicklungen vor allem in der Asyl- und Einwanderungspolitik haben in den Jahren 2014 und 2015 deutlich hervortreten lassen, dass die Beziehung zwischen den etablierten Medien und ihren Nutzern angespannt ist. Nun bräuchte es eine Paartherapie. Einige Versuche wurden bereits aus den Redaktionen heraus gemacht, um den Ursachen der Krise auf die Spur zu kommen. Oft mündeten diese Unternehmungen aber in der Diffamierung von Kritikern oder in Rechtfertigungen, die sich an der Aggressivität von Nutzern gegenüber Journalisten abarbeiteten und sich selbst Pluralismus und Unabhängigkeit bescheinigten. Es sei das Publikum, das sich verändert habe; eine Verengung des Meinungsspektrums konnte oder wollte kaum jemand sehen. Das ist auch nicht verwunderlich: Man kann sich und den Betrieb, in dem man steckt, schwer selbst beobachten. Der Blick von außen bleibt unabdingbar. Daher soll hier – soweit das möglich ist – von außen auf die Beziehung zwischen Medienmachern und Mediennutzern und ihre Bruchstellen geblickt werden, mit Empathie für beide Seiten, aber ohne Rücksicht auf ihre jeweiligen Interessen.

2.

DIE VERTRACKTE MENSCHLICHE WAHRNEHMUNG

Anlässlich der Ukraine-Krise entspann sich in der Wochenzeitung Die Zeit im März 2015 eine Debatte zwischen zwei renommierten Osteuropa-Experten, dem Geschichtsprofessor Jörg Baberowski von der Berliner Humboldt-Universität und dem Historiker und Publizisten Gerd Koenen. Unter dem Titel «Der Westen kapiert es nicht»[1] forderte Baberowski einen realistischeren Blick auf die russische Politik. Er erläuterte, warum der autoritär regierende Putin im eigenen Land so viele Anhänger hat und warum er die Unterstützung des Westens für die neue Kiewer Regierung als Bedrohung erlebt.

Eine Woche später griff ihn Koenen an und zitierte dabei sehr frei: Baberowski habe «dafür plädiert, Russland bei der Wiederaufnahme seiner ‹imperialen Mission› am besten freie Hand zu lassen», und sei der Ansicht, «die Ukraine sei ein reines ‹Produkt der sowjetischen Nationalitäten- und Eroberungspolitik›, ihre nationalistischen Selbstkonstruktionen und Leidenskulte verdienten keinen besonderen Respekt».[2] «Nichts davon steht in meinem Text», wehrte sich Baberowski eine Woche später.[3] Koenen sei ein «Untersteller». Die Welt der Untersteller sei «eindeutig, sie kennen nur schwarz und weiß. In Kiew werden europäische Werte verteidigt, in Moskau werden sie mit Füßen getreten (...).

Für den Aufrichtigen kann es gar keinen Zweifel geben, dass Vorstellungen, die aus der Welt der Finsternis kommen, bekämpft werden müssen.» Dieser Beschreibung des Mainstreams in Sachen Ukraine und Russland fügte er hinzu: «Erhebt ein Kritiker Einwände gegen das Diktat des politisch Korrekten, wird er moralisch abgewertet, im schlimmsten Fall ignoriert. Wer am Sinn der europäischen Währung zweifelt, muss sich dem Vorwurf aussetzen, er sei ein Gegner Europas und gefährde das europäische Friedensprojekt. Wer den Papst kritisiert, ist im Club der Aufklärer herzlich willkommen, wer Kritik am Islam übt, den erklären die Untersteller zum Rassisten.»

Ein Schlagwort versachlichen

In dieser Debatte, die im Übrigen auch eine zwischen dem Feuilleton- und dem Politikressort der Zeit zu sein schien (Baberowski kam weit hinten und Koenen ganz vorn im Blatt), scheinen die sozialen Hintergründe eines Mainstream-Effekts auf: Das eine ist problemlos sagbar im öffentlichen Raum und entspricht dem Common Sense; mit dem anderen schwimmt man gegen den Strom und geht das Risiko ein, sich zu isolieren. Wer eine schon oft geäußerte Mehrheitsmeinung hinter sich weiß und allgemein anerkannte Glaubenssätze teilt, befindet sich in einer «Niedrigkostensituation»[4] und muss sich wenig Sorgen um seine Reputation machen. Er kann offensiv agieren, ihm steht eine breite Palette etablierter Argumente und bekannter Phrasen zur Verfügung. Wer dagegen eine Minderheitenposition vertritt, ist in einer «Hochkostensituation»: Er muss seine Argumentation sorgsam aufbauen,

Einwände vorwegnehmen, sich defensiv vortasten, um möglichst wenige Zuhörer gegen sich aufzubringen und möglichst viele zu überzeugen. Misslingt sein Bemühen, kann er als «Ketzer» sozial sanktioniert werden – und die Feinde mögen ihn zum Aussätzigen abstempeln, die Freunde ihn zum Märtyrer stilisieren.

Von allen Schlagworten, die das empörte Publikum seit Anfang 2014 gegen die etablierten Medien in Stellung gebracht hat, ist «Mainstream» das wohl interessanteste, analytisch fruchtbarste und konstruktivste. Zum Vergleich: Der Begriff «Lügenpresse» taugt zur Verständigung herzlich wenig. Vor allem aufgrund seiner Rolle in der NS-Vergangenheit und der Aggressivität gegen Journalisten, die er transportiert, aber auch deshalb, weil die Anklage des revoltierenden Publikums eher auf Einseitigkeit in der Auswahl und Darstellung von Themen und Meinungen als auf falsche Sachverhaltsaussagen lautet. Ebenso wenig geeignet erscheint der Vorwurf der «Gleichschaltung» (gern auch: «gleichgeschaltete Systemmedien» oder «Lizenzmedien»), denn er hat den Ruch des Totalitären, impliziert Lenkung und Vorzensur durch vorgeschaltete und gleichschaltende Institutionen. Den Begriff der «Mainstream-Medien» kann man am ehesten des Polemischen und Herabwürdigenden entkleiden, um sich den realen Mechanismen anzunähern, die in einer grundsätzlich pluralistischen, demokratisch verfassten Gesellschaft zu einer hohen Konformität der Medien führen.

Denn auch Journalisten benutzen den Begriff zuweilen, etwa als Entschuldigung für Fehler: «Möglicherweise sind wir zu leicht dem Nachrichten-Mainstream gefolgt», schrieb Kai Gniffke, der Chefredakteur von ARD aktuell, nach massiver Kritik an seiner Ukraine-Berichterstattung. «Vielleicht hätten wir rechte Gruppierungen in der Ukraine früher thematisieren sollen. (...) Wir hätten uns (sic!) bei der Formulierung ‹OSZE-Beobachter› eher eine andere Formulierung wählen können. Vielleicht haben wir die russischen Interessen zu wenig für den deutschen Zuschauer ‹übersetzt›. Wir hätten evtl. die NATO-Position noch kritischer hinterfragen können.»[5] Bemerkenswert, dass der Verantwortliche für die meistgesehene deutsche TV-Nachrichtensendung einem «Nachrichten-Mainstream» gefolgt sein will – den er doch offensichtlich selbst mit prägt. Denn seine Sendungen Tagesschau und Tagesthemen haben Leitfunktion auch für die Medienbranche. Laut der letzten repräsentativen Befragung deutscher Journalisten gehörten beide Sendungen zu den fünf Medien, die Medienmacher am häufigsten nutzen, neben Süddeutscher Zeitung, Spiegel und FAZ.[6] Was war also zuerst da: die Henne oder das Ei, der Mainstream oder seine Medien? Auf jeden Fall wird deutlich, dass ein enger Meinungskorridor auch entstehen kann, wenn keine Abteilung für Agitation und Propaganda täglich Presseanweisungen an die Redaktionen verschickt und kein staatlicher Zensor vor Veröffentlichung die unliebsamen Stellen tilgt, sondern auch dadurch, dass Medien sich gegenseitig beobachten und beeinflussen.

Dem Rätsel, woher der Mainstream-Inhalt kommt, woher der Wind im Meinungskorridor weht, soll in den nächsten Kapiteln nachgegangen werden. Zunächst ist eine Klärung des Begriffs «Mainstream» wichtig, um den Kampfbegriff («Mainstream» ist das, was alle sagen; wer dem «Mainstream» folgt, ist unkritisch) zu versachlichen. Denn nur, weil etwas «Mainstream» ist, muss es nicht falsch oder schlecht sein. Viele Aktivisten kämpfen darum, ihr (neues, zunächst abseitiges) Thema «in den Mainstream» zu tragen, damit es politisch bearbeitet wird. Wenn sie dies geschafft haben und ihr Anliegen Karriere gemacht hat, verliert es ja nicht allein deshalb an Wert – man denke etwa an das Thema «menschengemachter Klimawandel», das erst nach Jahrzehnten und gegen den massiven Widerstand von Öl- und Automobilkonzernen ins breite öffentliche Bewusstsein gedrungen ist.

Der Sound des Blätterwalds

Ein Schimpfen auf «die Mainstream-Medien» legt nahe, dass es eine Anzahl von (Leit-)Medien gibt, die immer dasselbe schreiben oder senden. Nun gibt es tatsächlich eine feste Zahl von Leitmedien, die aufgrund ihrer Reichweite und Bedeutung eine Art «Kern» des deutschen Mediensystems ausmachen und Taktgeber auch für andere Medien sind: Laut der bereits erwähnten Journalistenbefragung sind dies die Nachrichtensendungen von ARD und ZDF (Tagesschau, Tagesthemen, heute, heute-journal), die Tageszeitungen Süddeutsche Zeitung, Frankfurter Allgemeine, Die Welt, Frankfurter Rundschau, taz und als Boulevard-Riese die Bild-Zeitung, die Wochenzeitung Die Zeit, die Nachrichtenmagazine Spiegel und Focus, die Illustrierte Stern sowie die Online-Ableger all dieser Medien. Auch die großen politischen Talkshows der öffentlich-rechtlichen Sender sind Orte, an denen ablesbar ist, was im öffentlichen Raum problemlos sagbar ist und was nicht. Das wären also die potenziellen «Mainstream-Medien» – doch pauschal zu behaupten, darin würde überall dasselbe gesagt, wird der Sache nicht gerecht. Wem ist nicht schon einmal in einem dieser Medien ein überraschender, besonders kritischer Beitrag aufgefallen, der aus der Masse der Veröffentlichungen herausragte, vom gewohnten Sound des Blätterwalds abwich?

Was es jedoch zweifellos immer wieder gibt, ist ein «Medien-Mainstream», ein mehr oder weniger weit gehender medialer Konsens in bestimmten Fragen, oder auch: eine Anzahl von Themen und Meinungen, die in einem bestimmten Zeitraum in der Medienlandschaft dominiert und damit eine «Hauptströmung» oder eine «Hauptrichtung» bildet. Dabei kann mal die eine Zeitung oder die andere Sendung vom Themen- oder Meinungsmainstream abweichen. «Medialer Mainstream» ist also zunächst einmal, ganz wertfrei, das Phänomen, dass zu einem Zeitpunkt die Mehrzahl der Leitmedien ein bestimmtes Thema behandelt oder eine bestimmte Meinung vertritt. (Kommunikationswissenschaftler sprechen übrigens bei Übereinstimmung in den Themen von hoher «Themenfokussierung» und bei Übereinstimmung in den Meinungen von hoher «Meinungskonsonanz».[7]) Zu jeder Zeit gibt es dominierende Themen und dominierende Meinungen. Zu fragen ist nur: Wie stark ist die Dominanz? Wie eng ist der Meinungskorridor? Wie viel Raum bleibt für Abweichendes? Und vor allem: Wie relevant sind die aus der Diskussion ausgeschlossenen Informationen und Meinungen?

Die erste Frage nach der Übereinstimmung der Leitmedien in Sachen Themen und Bewertungen lässt sich mit empirischer Forschung noch einigermaßen unstrittig beantworten. Die wohl interessanteste Studie dazu ist allerdings schon etwas älter, sie maß die Breite des Meinungsspektrums zwischen 1994 und 1998 in den fünf Tageszeitungen Die Welt, FAZ, Süddeutsche, Frankfurter Rundschau und taz, womit das politische Spektrum von rechts bis links abgedeckt werden sollte. Untersucht wurden die Kommentare auf ihre Haltung zu 16 politischen Grundsatzfragen, etwa zum Internationalen Bündnis, zur Marktwirtschaft oder zur Konjunkturpolitik, wobei jeweils eine rechte und eine linke Position definiert wurde. Die größte Polarisierung fand sich zwischen eher kosmopolitischen (als linke Position) oder ethnozentrisch-nationalistischen (als rechte Position) Argumentationen und in der Frage, ob in der Wirtschaftspolitik eher die Nachfrage gefördert werden sollte (das Keynesianische Modell) oder das Angebot (die neoliberale Variante) – wohlgemerkt, das war Mitte der 1990er Jahre, vor den neoliberalen Reformen der Schröder-Regierung und den begleitenden Lobbykampagnen. Am engsten war der Meinungskorridor – schon damals – in außenpolitischen Grundsatzfragen. In der Souveränitätsfrage fand sich durchgehend die Bereitschaft zu einer Stärkung supranationaler Institutionen und einer Verlagerung nationalstaatlicher Befugnisse auf internationale Organisationen, und in Bündnisfragen war man eindeutig kooperativ und nicht auf Abgrenzung zu den Partnern aus.[8] Dies war ein Hinweis auf EU-Nähe und vor allem auf die Treue zur Nato und den USA, die auch aktuell von vielen Kritikern beobachtet wird und an der sich ein Großteil der Gegenöffentlichkeit von der Linken (Junge Welt, Telepolis, Nachdenkseiten) bis zur Rechten (Junge Freiheit, Sezession, Compact) abarbeitet.

Bei der zweiten Frage wird es dann zwangsläufig subjektiv und strittig: Welche relevanten Informationen werden den Mediennutzern im «Medien-Mainstream» vorenthalten, welche Meinungen sind unterrepräsentiert und sollten berechtigterweise stärker abgebildet werden? Wie müsste die Berichterstattung aussehen, um ausgewogen, fair, objektiv oder neutral zu sein? Da kommt Weltanschauung ins Spiel, geht es um bewusste oder unbewusste Prämissen, externe Maßstäbe, politische Wunschvorstellungen – und das vertrackte Feld der menschlichen Wahrnehmung.

Der «Feindliche-Medien-Effekt»

Erinnern wir uns an die Kontroverse zwischen den Osteuropa-Experten Baberowski und Koenen. Während Baberowski sich als Außenseiter in der Russland-Debatte sah, dessen Meinung um ihren Platz im öffentlichen Raum kämpfen muss, sah das die Marburger Osteuropa-Historikerin Anna Veronika Wendland, Mitglied in der Deutsch-Ukrainischen Historikerkommission, ganz anders. Sie richtete folgende empörte Worte an den empörten Baberowski: «Sie sind (...) kein von PC-Terror verfolgter Andersdenkender, sondern Sie sind Mainstream. Sie befinden sich nämlich in bester Gesellschaft einer großen Masse Deutscher zwischen Krone-Schmalz und Sarrazin, zwischen Ostausschuss der deutschen Wirtschaft und Pegida, zwischen Horst Teltschik und Linksfraktion, die, von deutschen Verlagen und Medien hofiert, in breiter Front sperrangelweit offene Türen einrennen und sich dabei stets bitter beschweren, sie würden als Andersdenkende vom politisch korrekten Zwangssystem der Untersteller kujoniert.»[9] Die Wahrnehmung, dass breite Bevölkerungsschichten russlandfreundliche Positionen teilen, dass es hier also einen gesellschaftlichen Mainstream gab, mag stimmen. Doch dass deutsche Redaktionen diese Positionen begierig gespiegelt hätten, kann ins

Reich der Legende verwiesen werden. Zumindest in den Kommentaren überregionaler Tageszeitungen fand sich laut Untersuchungen an der Universität Leipzig ein sehr weitgehender russlandkritischer Konsens.[10] Mainstream sind also immer die anderen.

Es lohnt sich, sich mit den Schwächen und Verzerrungen der menschlichen Wahrnehmung auseinanderzusetzen, bevor man Urteile über die Ausgewogenheit und Fairness von Berichterstattung fällt. Denn in der Medienforschung ist ein Phänomen namens «Hostile-Media-Effekt» (Feindliche-Medien-Effekt) immer wieder untersucht und bestätigt worden: Nutzer, die eine starke Meinung zu einem bestimmten Thema haben, neigen dazu, mediale Berichterstattung als entgegengesetzt zu ihrer eigenen Haltung stehend zu interpretieren. Als Erste wiesen das amerikanische Psychologen in den 1980er Jahren nach, die ihren College-Studenten Fernsehberichte zum arabisch-israelischen Konflikt zeigten, genauer Berichte über das sogenannte Beirut-Massaker an palästinensischen Frauen, Männern und Kindern in zwei Flüchtlingslagern. Bei dem Experiment stellte sich heraus, dass pro-israelisch eingestellte Studenten mehr anti-israelische Wertungen wahrnahmen und die pro-arabischen Studenten eine anti-arabische Tendenz in den Berichten beobachteten.[11] In vielen weiteren Studien – zu Kriegen, Sportereignissen, Gentechnik, Wahlkämpfen oder Streiks – wurde dieser Effekt bestätigt.

Warum neigen wir zu einer solchen Wahrnehmung? Forscher vermuten Folgendes: Wenn ein Thema als kontrovers dargestellt wird, spüren wir stärker als sonst, zu welchen Gruppen wir uns zugehörig fühlen. Untermauert nun ein Medienbeitrag die Meinung einer fremden

Gruppe, und sei es auch nur im Rahmen eines ausgewogenen Kommentars, der beide Seiten eines Konflikts gleichrangig darstellt, fühlen wir uns in unserer jeweiligen Position bedroht. Vermutlich aus dem Grund, «weil anzunehmen ist, dass ein jeweiliges ‹neutrales› Publikum ‹negativ› beeinflusst wird bzw. die Stellung gegnerischer Gruppen verbessert wird», wie es die Medienforscher Marco Dohle und Tilo Hartmann ausdrücken. Dementsprechend spielt das Bild, das man vom Publikum des Mediums hat, ebenfalls eine Rolle, denn die befürchtete Bedrohung der eigenen Gruppe durch eine angeblich feindselige Medienberichterstattung dürfte «umso größer sein, je eher das Publikum als *empfänglich* gilt.»[12]

Ukraine: «Die Printmedien halten sich wacker»

In Sachen Ukraine-Berichterstattung erklärt sich so auch die Sorge pro-ukrainisch und transatlantisch eingestellter Politiker und Journalisten, das für ihr Empfinden ohnehin viel zu russlandfreundliche deutsche Publikum könne durch Argumente, die Verständnis für Russlands Politik wecken, von einer «korrekten» bzw. politisch gewünschten Interpretation der Ereignisse abgebracht werden. Während sich tausende Mediennutzer lautstark über die Häufung von Fehlern und Auslassungen zulasten Russlands aufregten, fürchtete die grüne Bundestagsabgeordnete Marieluise Beck, dass Putins Propaganda bei der deutschen Bevölkerung «offene Türen einrennt» – denn die sei dafür empfänglich. Zum einen durch das «berechtigte Gefühl einer historischen Schuld gegenüber der Sowjetunion, die aber wahrgenommen wird als Schuld gegenüber Russland», und zum zweiten, weil «der politische Blick bei Teilen der Bevölkerung durch einen heftigen Antiamerikanismus überlagert wird».[13] Daher gäbe es den Unwillen, «anzuerkennen, dass es sich hier um eine russische Aggression handelt und dass man eine gewisse Empathie für die Angegriffenen haben muss».

Inmitten des «Propagandakriegs», den Russland aus ihrer Sicht strategisch und ohne nennenswerte Gegenwehr des Westens führe, kam Beck daher zu folgendem Urteil über die deutschen Medien: «Die Printmedien halten sich wacker. Die haben zwar auch Schwierigkeiten mit Trollen, mit organisierten Mailkampagnen, mit Shitstorms, aber die lassen sich nicht kirre machen. Ein Riesenproblem sind unsere öffentlich-rechtlichen Medien.» Ihr Kollege Roderich Kiesewetter von der CDU pflichtete ihr bei: «Was wir haben, sind Journalisten, die versuchen, ihre Äquidistanz (gleiche Distanz zu Russland wie zu Amerika – UK) als kritischen Journalismus zu verkaufen. Unsere Meinungsführer im öffentlich-rechtlichen Fernsehen beziehen keine Position.» Offenbar wollten in der Ukraine-Frage viele Politiker und Journalisten pro-russischen Argumenten wenig Raum geben, um ein Gegengewicht zu der vermuteten «Russophilie» der deutschen Bevölkerung zu schaffen. Diese Art der Volkspädagogik scheint jedoch beim Normalbürger, der alternative Informationen im Netz entdeckt oder einfach nur parteiische Berichterstattung beobachtet, nicht den gewünschten Effekt gehabt, sondern vielmehr Ärger ausgelöst zu haben.

Der Geist ist aus der Flasche

Im 20. Jahrhundert, als politische Öffentlichkeit fast ausschließlich in einigen wenigen, reichweitenstarken und in der Produktion teuren Massenmedien stattfand und Journalisten eine starke Stellung als «Gatekeeper», also Filter von Informationen und Meinungen innehatten, konnte ein politisch-mediales Establishment mit solch starken Klüften zwischen öffentlicher und veröffentlichter Meinung noch durchkommen. Alternative Informationen und die Meinung der anderen waren vergleichsweise schwer zugänglich, und Unzufriedenheit mit der medialen Darstellung der Wirklichkeit kam selten über den eigenen Küchen- oder Stammtisch hinaus. Aber im Zeitalter digitaler Netzwerkmedien kann jeder zum Sender werden, für wenig oder gar kein Geld seine eigene, individuelle Öffentlichkeit schaffen und darin seine Informationen – mögen sie wahr oder unwahr sein – und Meinungen – mögen sie fundiert und vernünftig sein oder nicht – verbreiten. Wer früher schwieg, weil er sich nicht isolieren wollte, der redet heute vielleicht, weil er in Blogs, auf Youtube, Facebook oder Twitter sieht, dass er mit seiner Meinung nicht allein ist. Und wer früher die Welt nur durch die Tagesschau und seine Regionalzeitung wahrnahm, der kann sich im Web in Sekundenschnelle mit Originaldokumenten und abweichenden Interpretationen versorgen. Der stößt auch auf Sachverhalte, die in den Medien überhaupt nicht vorkommen, weil Journalisten sie aussortiert oder übersehen haben – und wird misstrauisch.

Vertrauen ist ein «Mechanismus der Reduktion sozialer

2. DIE VERTRACKTE MENSCHLICHE WAHRNEHMUNG

Komplexität», definierte einst der Soziologe Niklas Luhmann.[14] Wenn das Vertrauen in den Journalismus heute so erschüttert ist, so auch deshalb, weil die Komplexität der Welt über uns alle hereingebrochen und das geordnete Bild der Welt in der fertigen, durchkomponierten Sendung oder Zeitung hinterfragbar geworden ist. Wir haben gemerkt: Nachrichten werden von Menschen ausgewählt und aufbereitet, von Menschen, die Fehler machen, die in bestimmten Produktionsstrukturen und Routinen stecken, die Vorlieben und Abneigungen haben und die zuweilen auch Absichten verfolgen. Wir haben verstanden: Die mediale Wirklichkeit ist kein simpler Spiegel der Welt, sondern eine Konstruktion. Wir wissen jetzt: Die Nachrichten könnten auch ganz anders sein.

3.
DIE SUPPE WIRD DÜNNER

Während die digitale Revolution mit dem Mitmach-Web die Emanzipation des Publikums von alten Autoritäten ermöglicht, setzt sie zugleich die Medienmacher unter enormen Druck. Die Stichworte Beschleunigung, Kommerzialisierung, Boulevardisierung, Prekarisierung der Medienschaffenden und steigende Abhängigkeit von PR und Lobbyismus seien genannt. Viele Mediennutzer dürften auch deshalb frustriert sein, weil die Suppe, die ihnen die Journalisten vorsetzen, in den letzten Jahrzehnten dünner geworden ist. Einige Schlaglichter auf Entwicklungen seit Beginn der 1990er Jahre, die einem substanziellen, orientierenden und kritischen Journalismus abträglich gewesen sind, können das illustrieren.

Vom Aufpasser zum Anpasser

Zunächst einmal haben die Ambitionen deutscher Journalisten, Kritik und Kontrolle auszuüben, im Laufe der letzten Jahrzehnte abgenommen. Mit zunehmendem technischem, wirtschaftlichem und zeitlichem Druck gewann das Leitbild des reinen Informationsjournalisten und Content-Managers, der sich ungern mit den Mächtigen anlegt, an Dominanz. Das kommt in zwei repräsentativen Befragungen deutscher Journalisten aus den Jahren 1993 und 2005 zum Ausdruck, die von Teams um den Hamburger Kommunikationswissenschaftler Siegfried Weischenberg durchgeführt wurden.[1] Die meisten Journalisten wollen «möglichst neutral und präzise informieren» (1993 waren es 74 Prozent, 2005 schon 89 Prozent, die zustimmten), «komplexe Sachverhalte erklären und vermitteln» (gestiegen von 74 auf 79 Prozent) und «die Realität genau so abbilden, wie sie ist» (gestiegen von 66 auf 74 Prozent). Demgegenüber sind Rollenbilder von politisch ambitioniertem Journalismus auf dem Rückzug. Der Anteil der Journalisten, die «Kritik an Missständen üben» wollen, sank von 63 auf 57 Prozent. Das Ziel, «normalen Leuten eine Chance zu geben, ihre Meinung zu Themen von öffentlichem Interesse zum Ausdruck zu bringen», sank von 41 auf 34 Prozent. Noch stärker schwanden die Motive «sich einsetzen für die Benachteiligten in der Bevölkerung» (von 43 auf 29 Prozent) und «die Bereiche Politik, Wirtschaft und Gesellschaft kontrollieren» (von 37 auf 24 Prozent); «die politische Tagesordnung beeinflussen und Themen auf die politische Agenda setzen» wollten erst 19, dann nur noch 14 Prozent der Journalisten. Ist es Mutlosigkeit, Resignation? Vom Aufpasser zum Anpasser – so könnte man die Tendenz beschreiben.

In derselben Studie ist noch etwas anderes zu sehen: Die Recherchezeit hat abgenommen. Gaben 1993 die Journalisten an, durchschnittlich 140 Minuten pro Arbeitstag zu recherchieren, waren es 2005 nur noch 117 Minuten. Dafür nahmen Technik, Organisation und Verwaltung mehr Zeit in Anspruch. Wenn zum Beispiel Daniel Jahn, Chefredakteur der Nachrichtenagentur AFP Deutschland, sich an seinen Start ins Berufsleben erinnert, klingt das so: «Als ich Anfang der 80er meine erste Hospitanz bei der Welt hatte, schrieben die Redakteure ihre Artikel noch auf der Schreibmaschine oder diktierten sie der Sekretärin.»² Seitdem haben Computer, Internet und redaktionelle Umorganisationen die Aufgaben von Redakteuren deutlich vermehrt. Dass Printredakteure sich auch um das Layout kümmern, den Online-Kanal der Zeitung mit bespielen, auf Terminen noch Fotos schießen oder Webfilmchen drehen, ist keine Seltenheit – freilich gilt es, nebenbei die Nachrichtenlage zu verfolgen, Meldungen von Nachrichtenagenturen und Pressemitteilungen zu lesen sowie Trends auf Facebook und Twitter im Auge zu behalten.

Mainstreaming durch Aktualitätsdruck

Ähnlich verdichtete sich der Alltag von Auslandskorrespondenten. Wenn Mitte der 1990er Jahre der ARD-Hörfunkkorrespondent im afrikanischen Nairobi auf seinen Bandmaschinen ein Radiofeature produziert hatte, packte er es in eine Plastiktüte, fuhr damit zum Flughafen und drückte die Tüte jemandem vom Lufthansa-Personal in die Hand. «Am nächsten Tag war es dann in Frankfurt», so der damalige Korrespondent Wim Dohrenbusch, «am übernächsten Tag in Köln, und von dort hat man das Feature dann drei Tage später in der ARD verteilt.» Das war sozusagen die Steinzeit. Mitte der 2000er Jahre war es schon «nicht mehr so, dass ich ankündige, ich mache ein Stück aktuell zum Kongo. Sondern da ruft eine Redaktion an und will eine Nachrichtenminute, die nächste will 2.30 Minuten haben, die dritte will 3.30 haben und fünf andere sagen: ‹Ach, wir haben das Stück heute Morgen gesendet, jetzt möchten wir das heute Mittag oder Nachmittag noch mal in einem Live-Gespräch ein bisschen einordnen.»»[3] Viele Korrespondenten kommen durch die gestiegenen Ansprüche ihrer Heimatredaktionen, ständig erreichbar zu sein und ständig aktuelle Beiträge zu liefern, immer weniger zum Reisen. Augenzeugenschaft und Vor-Ort-Recherche werden seltener.

Wie kommt man unter diesen Bedingungen an seine Themen? Ein Südafrika-Korrespondent beschreibt es: «Viele Korrespondenten sitzen dann in der Tat vor ihrem Bildschirm hier im Ausland und schauen, was bringt Spiegel Online. Die wissen genau, wenn ihr Land dort erscheint, klingelt in zwei Minuten das Telefon.»[4] Und dann heißt es: Das Thema wollen wir auch. Mainstream entsteht auch, wenn Medien sich an anderen Medien orientieren, an Nachrichtenagenturen wie der Deutschen Presse-Agentur (dpa), Agence France Press (AFP), Associated Press (AP) und Reuters, oder an den jeweils statushöheren Leitmedien. Regionalzeitungen schauen, was die Süddeutsche oder die FAZ bringen; die Süddeutsche und die FAZ schauen, was die New York Times, die Neue Zürcher Zeitung, Le Monde, die BBC oder CNN bringen. Im Interview bestätigen Außenpolitik-Ressortleiter renommierter Zeitungen, dass der Aktualitätsdruck und die Orientierung an Leitmedien Mainstreaming-Effekte verstärkten. Stefan Kornelius von der Süddeutschen Zeitung sagt: «Durch das Internet bspw. können wir alle morgens die New York Times oder die Singapur Straits Times lesen. Dadurch entsteht so etwas wie ein globaler Nachrichten- und Thementrend. (...) Die Korrespondenten leiden unter dieser Globalisierung, unter diesem Informations-Mainstream. Denn der wird natürlich durch die Zentralen getrieben. Korrespondenten müssen dadurch auch Themen annehmen, die aus ihrer Sicht vielleicht gar nicht so relevant sind.» Sein Kollege Klaus-Dieter Frankenberger von der FAZ ergänzt: «Überall muss man auf das Insider-Syndrom aufpassen: Alle einigen sich auf eine Interpretation, und der, der dieser nicht folgt, ist entweder ein Radikaler oder ein Verrückter.»[5]

11 Minuten für Quellencheck und Faktenkontrolle

Mainstream schlägt Relevanz, Beschleunigung schlägt Recherche. Zwar konnten Journalisten ihr Publikum noch nie so schnell informieren wie heute, aber noch nie hatten sie so wenig Zeit, um Journalismus zu machen. Oder: Noch nie nahmen sie sich so wenig Zeit. Eine Studie an der Universität Leipzig, in deren Rahmen 235 Journalisten bei der Arbeit beobachtet wurden, ergab, dass nur 11 Minuten am Tag für die Überprüfungsrecherchen, also für Quellencheck und Faktenkontrolle, verwendet werden. Offenbar geht man allzu häufig davon aus, dass das Material der Nachrichtenagentur, der Bericht eines anderen Mediums oder die Pressemitteilung schon stimmen wird, und geht dann rasch dazu über, diese Ausgangsinformationen zu erweitern (97 Minuten täglich).[6] Die Qualität des Fundaments nicht prüfen, sondern gleich das Haus darauf bauen – das kann schiefgehen. Und so stürzen Journalisten auf ihrer Gratwanderung zwischen Aktualität und Verlässlichkeit immer wieder ab.

Dass «Dirty-Dancing»-Star Patrick Swayze seinem Bauchspeicheldrüsenkrebs erlegen sei, meldeten die Online-Dienste von Bild, RTL und Kölner Express schon im

Mai 2009, nachdem das auf Twitter gestanden und über einen Radiosender in Florida gelaufen war – er starb allerdings erst im September 2009. Berühmt geworden ist der falsche Wilhelm im Namen des Freiherrn von und zu Guttenberg. «Der neue Wirtschaftsminister: Karl-Theodor Maria Nikolaus Johann Jakob Philipp Wilhelm Franz Joseph Sylvester Freiherr von und zu Guttenberg. Müssen wir uns diesen Namen merken?», fragte Bild am 10. Februar 2009 fett auf der Titelseite. Nein, denn den «Wilhelm» hatte ein Internetnutzer in Guttenbergs Wikipedia-Eintrag hineingeschmuggelt, um zu sehen, ob das jemand merken würde. Auch Spiegel Online, Süddeutsche Zeitung, Handelsblatt.com, heute.de, taz, Rheinische Post und das RTL-Nachtjournal hatten vor Veröffentlichung weder im Hause Guttenberg nachgefragt noch das «Genealogische Handbuch des Adels» zur Hand genommen, sondern einfach von Wikipedia oder einem anderen Medium abgeschrieben.[7] Und im Mai 2015 fielen dpa, Bild, RTL und focus.de auf eine Pressemitteilung des Mainzer «Institute for Diet and Health» herein, das in einer Studie herausgefunden haben wollte, dass Schokolade beim Abnehmen hilft. Das Institut gab es gar nicht, und die Studie war ein Fake.[8]

Auch politisch relevante Falschmeldungen werden durch fehlenden Gegencheck und Voneinander-Abschreiben medial wiedergekäut – und helfen auch schon mal dabei, Feindbilder zu pflegen. Als bei den Demonstrationen gegen den G-8-Gipfel in Heiligendamm 2007 der globalisierungskritische philippinische Soziologieprofessor Walden Bello eine Rede hielt, unterstellte ihm die Nachrichtenagentur dpa, er habe die militanten Proteste angeheizt mit den Worten: «Wir müssen den Krieg in diese Demonstration reintragen. Mit friedlichen Mitteln erreichen wir nichts.» Von der dpa gingen diese Worte zu Spiegel Online, in die B. Z., die Stuttgarter Zeitung und die Westdeutsche Allgemeine Zeitung. Tatsächlich hatte Bello in seiner englischsprachigen Rede, die man schon kurz darauf auf Youtube nachhören konnte, etwas ganz anderes gesagt: Die G-8-Gegner sollten nicht nur über Armutsbekämpfung reden, sondern auch über Kriege, denn ohne Frieden könne es auch keine Gerechtigkeit geben.[9]

Der iranische Präsident Mahmud Ahmadinedschad wurde jahrelang immer wieder mit dem Satz zitiert: «Israel muss von der Landkarte radiert werden.» Fünf Jahre, nachdem diese Worte auf einer Konferenz gesagt worden sein sollen, klärte die Süddeutsche Zeitung in ihrem Feuilletonteil auf: «Die persische Originalversion von Ahmadinedschads Äußerungen über Israel ist weit weniger martialisch als die Übersetzung, die verschiedene Agenturen verbreitet haben und die wiederum auf der englischen Übersetzung des persischen Originals beruht.» Die korrekte Übersetzung, so die Autorin Katajun Amirpur, die heute die Professur für Islamische Studien an der Universität Hamburg innehat, laute: ‹«Dieses Besatzerregime muss von den Seiten der Geschichte (wörtlich: Zeiten) verschwinden.› Oder, weniger blumig ausgedrückt: ‹Das Besatzerregime muss Geschichte werden.› Das ist keine Aufforderung zum Vernichtungskrieg, sondern die Aufforderung, die Besatzung Jerusalems zu beenden.»[10] Es ist wohl kein Zufall, dass solche dramatischen Übersetzungsfehler so oft zulasten politischer Gegner des Westens und seines Establishments gehen, aber fast nie auf Kosten eines US-Präsidenten oder EU-Kommissars.

3. DIE SUPPE WIRD DÜNNER

Steile Thesen, wenig dahinter

Vertrauen kostet die Medien ihr dramatisierender, boulevardesker und effektheischender Umgang mit vielen Themen. Dass dies in den letzten Jahrzehnten zugenommen hat, legt eine Studie über die acht Fernsehprogramme ARD, ZDF, Sat.1, RTL, ProSieben, RTL 2, Vox und Kabel 1 nahe. Deren Hauptnachrichtensendungen in den Jahren 1992, 1995, 1998 und 2001 wurden untersucht mit dem Ergebnis, dass die politische Berichterstattung zugunsten von Human-Touch-Themen zurückgegangen ist. Bei den Privatsendern galt das ganz besonders, hier gab es mehr unpolitische Meldungen als Meldungen über Innen-, Außen- und internationale Politik. Aber auch in den öffentlich-rechtlichen Programmen hatten unpolitische Themen zugenommen. Die Forscher fanden auch eine zunehmende Orientierung an Sensationen und Emotionen, denn die bildliche Darstellung von Gefühlen hatte während des zehnjährigen Untersuchungszeitraums an Bedeutung gewonnen.[11]

Eine Trendumkehr hat es bisher offenbar nicht gegeben. Nach dem Absturz der Germanwings-Maschine in den französischen Alpen im März 2015 stiegen hunderte Nutzer den etablierten Medien bei Facebook aufs Dach. Zu niedrig das journalistische Niveau, zu unzuverlässig die Informationen, zu respektlos der Umgang mit den Opfern, so die häufigsten Kritikpunkte.[12] Beim Deutschen Presserat gingen Beschwerden von 430 Personen ein – die höchste Zahl an Beschwerden zu einem Ereignis seit Gründung dieses Organs der Selbstkontrolle im Jahr 1956. Dass der Co-Pilot mit Namen und Foto dargestellt wurde, hielt der Presserat für vertretbar, aber die Berichterstattung über die Opfer, über deren Angehörige sowie über die Eltern und die Partnerin des Co-Piloten hatte deutlich die Grenzen des Persönlichkeitsschutzes überschritten.[13] Die altehrwürdige Wochenzeitung Die Zeit hatte sich auf andere Weise blamiert, weil sie an jenem Unglücks-Dienstag – das Flugzeug war um 10.41 Uhr zerschellt – kurz vor Redaktionsschluss noch schnell auf das Thema aufsprang. Die Absturzursache war noch völlig unklar, also tippten die Redakteure auf Sicherheitsmängel bei der Billigflug-Tochter der Lufthansa und schrieben fieberhaft eine suggestive Story mit dieser These zusammen, denn am Dienstagabend musste die Titelgeschichte schon in die Druckerei.[14] «Absturz eines Mythos» prangte dann an allen Kiosken auf der ersten Seite, zusammen mit einem blau-gelben Lufthansa-Kranich im Sinkflug, während die Weltöffentlichkeit inzwischen schon schlauer war. Absturz einer Wochenzeitung.

Steile Thesen, wenig dahinter: So könnte man auch die «Affäre Wulff» zusammenfassen. Monatelang jagten Rechercheure von Bild, Spiegel und Stern, im Einvernehmen mit so gut wie allen führenden Zeitungen der Republik, den Bundespräsidenten wegen vermeintlicher Bestechlichkeit. Der Millionär Carsten Maschmeyer habe ihm bei der Finanzierung seines Eigenheims geholfen; der Filmproduzent David Groenewold habe ihm eine Urlaubsreise nach Sylt bezahlt und ihn auf dem Münchner Oktoberfest ausgehalten, vor dem niedersächsischen Landtag habe er falsch ausgesagt. Nachdem die Staatsanwaltschaft Hannover die Aufhebung seiner Immunität beantragt hatte, trat Christian Wulff im Februar 2012 vom Amt zurück. Der medial aufgebaute Popanz sackte bald in sich zusammen. Bei der Klageerhebung warfen die Staatsanwälte ihm nur noch vor, er habe sich von Groenewold einen Teil der Kosten einer Reise nach München bezahlen lassen, es ging noch um schlappe 770 Euro.[15] «Von der Lawine zum Schneebällchen», kommentierte selbstkritisch der Innenpolitik-Chef der Süddeutschen Zeitung, Heribert Prantl.[16] Am Ende sprach das Landgericht Hannover Wulff vom Vorwurf der Vorteilsannahme frei.

Existenzangst einer Branche

Ein Bundespräsident wurde von selbstherrlich agierenden Pseudo-Enthüllern zum Rücktritt gezwungen. War das nur Arroganz – oder steckte auch Verzweiflung dahinter? Die Angst, nicht mehr gebraucht zu werden, falls man nicht einmal mehr einen als untragbar bezeichneten Politiker aus dem Amt schreiben kann? Dass der Journalismus aufgeregter und weniger gründlich geworden zu sein scheint, liegt auch daran, dass im Zuge der digitalen Revolution sein Geschäftsmodell erodiert. Mediennutzungsgewohnheiten haben sich geändert, Aufmerksamkeit verteilt sich neu, ist in soziale Netzwerke, Blogs, Wikis und Suchmaschinen abgewandert. Die Auflagen der Tagespresse sinken kontinuierlich: Wurden 1995 jeden Tag noch 30 Millionen Tageszeitungsexemplare verkauft, waren es 2014 nur noch 20 Millionen, wobei der Schwund kontinuierlich zugenommen hat, wie bei einer ungebremsten Talfahrt.[17] Ähnlich sieht es bei den Werbeeinnahmen aus: Im Jahr 2000, bevor die meisten Immobilien- und Stellenanzeigen ins Internet abwanderten, generierten die Tageszeitungen noch über 6,5 Milliarden Euro an Anzeigenerlösen. Im Jahr 2014 waren es nur noch 2,8 Milliarden.[18]

Die Verlage haben darauf einerseits mit der Erhöhung der Verkaufspreise reagiert, zum anderen mit Sparmaßnahmen. Redaktionen wurden ausgedünnt, zusammengelegt, zu arbeitsverdichtenden Newsrooms umstrukturiert oder ganz geschlossen; Honorare für freiberufliche Journalisten gekürzt. Während die Manager auf Podiumsdiskussionen von Qualitätssicherung reden, treffen sie Entscheidungen, die direkt die journalistische Qualität gefährden. Soziale Sicherheit ist längst ein Fremdwort für viele Journalisten. So wie auf dem Arbeitsmarkt in Deutschland generell, ist auch in der Medienbranche das Normalarbeitsverhältnis erodiert, sind Leiharbeit, Befristungen und unbezahlte Praktika für Hochschulabsolventen gang und gäbe. Über 5000 Journalisten und Redakteure sind laut Bundesagentur für Arbeit in Deutschland arbeitslos. Die Autorin Katja Kullmann, zeitweise selbst Hartz-IV-Empfängerin, schreibt eindrücklich: «Längst haben die kreativen, oft akademisch ausgebildeten und weltgewandten Prekären viel mehr gemein mit den auf Stunde bezahlten Supermarktregaleinräumern, den per Zeitarbeit verliehenen Security-Bären und den Sieben-Tage-die-Woche-Wurstbudenverkäufern, über die sie mitfühlende Reportagen schreiben (...) oder deprimierende Reality-Dokus drehen, als mit den Agenturchefs, Etatbewilligern oder Ressortleitern, von denen sie sich Aufträge erhoffen und ein bisschen Honorar.»[19]

Unter diesen Bedingungen eine Haltung zu haben, ist für viele im journalistischen Fußvolk, weitab der Entscheider-Ebene, verständlicherweise schwierig. Die Angst, den Arbeitsplatz zu verlieren, ist in den Redaktionen groß – darauf deuten Ergebnisse einer (nicht repräsentativen) Befragung von 291 deutschen Journalisten aus dem Jahr 2013 zum Thema «Gefahren für die Innere Pressefreiheit» hin.

Die Folgen: angepasstes Verhalten in den Redaktionskonferenzen, häufiger vorauseilender Gehorsam, Vorsicht bei der Bearbeitung von Themen.[20] Und: Viele freiberufliche Journalisten verdienen nebenher Geld mit PR-Arbeit für Unternehmen, die sehr viel besser bezahlt wird. Als das Netzwerk Recherche, eine engagierte Lobbyorganisation für mehr Recherche in Deutschland, der zunehmenden Vermischung von Journalismus und PR etwas entgegensetzen wollte und in einem Ethik-Kodex apodiktisch verkündete: «Journalisten machen keine PR», erntete es einen Sturm der Entrüstung aus dem freiberuflichen Prekariat: Eine solche realitätsferne Forderung könnten sich nur gut abgepolsterte Festangestellte aus den öffentlich-rechtlichen Anstalten und der Qualitätspresse ausdenken.

Einflussversuche von PR-Akteuren nehmen zu

Die historisch unter großen Kämpfen erstrittene Pressefreiheit ist in Deutschland grundsätzlich gut verwirklicht, aber sie ist unter Druck geraten – unter Zeitdruck und unter wirtschaftlichen Druck. Das sehen auch Deutschlands leitende Redakteure so. Als im Frühjahr 2014 das Allensbach-Institut 432 Zeitungsjournalisten zu Pressefreiheit und Einflussnahmen von außen befragte, da erschien es den Befragten als die beiden größten Gefährdungen, «dass Zeitmangel die eigenen Recherchen einschränkt» und «dass Journalisten auf wirtschaftliche Interessen des eigenen Medienhauses Rücksicht nehmen müssen».[21] Dass Einflussversuche von PR-Agenturen oder PR-Abteilungen zugenommen haben, sagten 86 Prozent, und 79 Prozent waren der Meinung, dass die Grenze zwischen PR und

Journalismus immer mehr verschwimmt und PR-Material immer öfter ungefiltert seinen Weg in die Medien findet. Wenn diese Wahrnehmungen stimmen, dann ist Frust auf Seiten der Mediennutzer programmiert. So, wie Reisefreiheit demjenigen nicht viel nützt, der aufgrund von Erwerbslosigkeit kein Geld zum Verreisen hat, so kann auch von der Pressefreiheit nicht viel beim Bürger ankommen, wenn den Journalisten die Zeit und das Geld für kritische, aufklärende Recherchen fehlen.

Tatsächlich basiert ein großer Teil journalistischer Inhalte nicht auf eigenständigen Themenideen und Recherchen, sondern auf der Öffentlichkeitsarbeit von Unternehmen, Ministerien, Behörden, Parteien, Verbänden, Nichtregierungsorganisationen und anderen Institutionen. Wie groß dieser Teil ist, lässt sich schwer sagen, denn Forscher konnten immer nur kleine Ausschnitte aus der Berichterstattung unter die Lupe nehmen. Die bekannteste Studie dazu stammt von der emeritierten Berliner Professorin Barbara Baerns. Während zweier Monate des Jahres 1978 – mithin in der «Goldenen Ära» der klassischen Medienwelt – untersuchte sie alle Beiträge von Nachrichtenagenturen, Tageszeitungen, Fernsehen und Hörfunk zur Landespolitik in Nordrhein-Westfalen und hielt die Pressemitteilungen der legislativen und exekutiven Organe sowie die Protokolle von Pressekonferenzen dagegen. Ihr Ergebnis: 62 Prozent der journalistischen Beiträge beruhten auf PR-Material. Sie folgerte: «Öffentlichkeitsarbeit hat Themen und Timing der Medienberichterstattung unter Kontrolle.»[22] Der Eindruck von Informationsvielfalt entstehe fast nur dadurch, dass die Journalisten das vorgegebene Material jeweils etwas anders selektierten und aufbereiteten. Eine Reihe weiterer Kommunikationswissenschaftler untersuchten den Anteil der PR-basierten Beiträge bei anderen Themen und kamen auf Werte zwischen 10 und 84 Prozent, die miteinander aber kaum vergleichbar sind.[23]

Auch die Nachrichtenagenturen, auf die sich viele Redaktionen stützen und deren Beiträge sie häufig übernehmen, sind allzu oft nur Durchlauferhitzer von Öffentlichkeitsarbeit. Eine Studie, die die Meldungen von sechs Landesdiensten der dpa untersuchte und mit den zuvor dort eingegangenen Pressemitteilungen verglich, stellte fest, dass über die Hälfte der Berichterstattung aus Pressemitteilungen bestand, die nur wenig bearbeitet wurden. Weitere 30 Prozent gingen auf Pressekonferenzen und andere Termine zurück. Nur 2 Prozent der Texte waren vollkommen selbst recherchierte und angestoßene Initiativen fern der Termin-Berichterstattung.[24]

Allgegenwärtiger Lobbyismus

Nun verschicken Konzerne, Parteien und andere Institutionen nicht nur Pressemitteilungen und veranstalten Pressekonferenzen, um ihre Interessen im öffentlichen Diskurs durchzusetzen. Wer langfristig Themen setzen und diese strategisch rahmen will, der gibt auch viel Geld für Studien, Umfragen und Rankings aus, die von Medien immer gern genommen werden. Wenn die von Arbeitgeberverbänden finanzierte Initiative Neue Soziale Marktwirtschaft eine Studie wie «Demografie und Rente – Effekte einer höheren Erwerbstätigkeit Älterer auf die Beitragssätze zur Rentenversicherung» veröffentlicht oder Bundesländer-, Regierungs- und Städte-Rankings, dann stecken in der Anlage der wissenschaftlichen Untersuchung freilich Interessen von Arbeitgebern. Wenn die Bertelsmann-Stiftung eine Studie über die Vorteile des transatlantischen Freihandelsabkommens TTIP herausgibt, einen «Chancenspiegel» über die Mängel deutscher Schulen oder einen «Deutschen Weiterbildungsatlas», dann betreffen diese Themen auch Geschäftsfelder des Bertelsmann-Konzerns und dann steht meist ein Interesse an Deregulierung, Liberalisierung und Privatisierung dahinter.

So sind die Journalisten von einem allgegenwärtigen Lobbyismus umgeben, der oft schwer zu durchschauen ist. Während des Lokführerstreiks 2007 flatterte über eine Nachrichtenagentur eine Forsa-Umfrage in die Redaktionen, die von der Denkfabrik Berlinpolis in Auftrag gegeben worden war. Dort hieß es, die Deutschen hätten den Lokführerstreik allmählich satt. Im Hessischen Rundfunk wunderte sich der Radioredakteur Jan Eggers, denn wenige Stunden zuvor hatte der ARD-Deutschlandtrend das Gegenteil behauptet, nämlich, dass die Deutschen mehrheitlich Verständnis für den Streik hätten. «Ich verglich die beiden Umfragen und ihre Vorgehensweise. Zeitaufwand: etwa eine Stunde. Dann interviewte ich die beiden Verantwortlichen und machte einen Radiobeitrag über die Frage, wie zwei Umfragen zum selben Thema zu völlig unterschiedlichen Ergebnissen kommen können.» Er schränkt allerdings ein: «Die Zeit, die ich an diesem Morgen dafür hatte, war seltener Luxus.» Der Alltag sehe so aus, dass man «den Agenturmeldungen hilflos ausgeliefert» sei. Auch wenn man als Redakteur wisse, dass solche Umfragen selten frei von Interessen sind, «steht man vor der Frage: Copy and Paste? Oder investiert man zwei, drei

Stunden in eine Recherche, die vielleicht einen Mehrwert bringt, vielleicht aber auch überhaupt kein Resultat?«[25] Zwei Jahre nach dieser Episode deckte der Verein LobbyControl übrigens auf, dass die auftraggebende Denkfabrik Berlinpolis verdeckte Werbung für die Deutsche Bahn gemacht hatte – auch mit jener Umfrage.

Lobbyarbeit hat viele Gesichter, zum Beispiel das Angebot von Annehmlichkeiten, verbunden mit exklusiven Informationen. Bekannt wurden etwa die Luxusreisen, die ein Manager des Industrie- und Rüstungskonzerns Thyssen-Krupp mit ausgewählten Journalisten zu Konzernstandorten in fernen Ländern unternahm. Mit einem Wirtschaftsredakteur der FAZ flog er first class für fünf Tage nach China, sie ließen es sich im Fünf-Sterne-Hotel gutgehen – und anschließend schrieb der Redakteur einen wohlwollenden Artikel über die gut laufende China-Sparte des damals krisengeschüttelten Unternehmens. Mit Reportern der Süddeutschen Zeitung, des Tagesspiegel, der Neuen Ruhr-Zeitung und der Rheinischen Post flog der Manager nach Südafrika, inbegriffen waren Besuche im Nationalpark, Helikopter-Flüge und Outdoor-Barbecues. Die Reisen verstießen sogar gegen die konzerneigenen Compliance-Richtlinien; nachdem die Welt am Sonntag die Sache enthüllt hatte,[26] musste der Manager seinen Hut nehmen. Die beteiligten Medien allerdings sahen keinen Grund zur Reue oder äußerten sich gar nicht zum Sachverhalt, wie in einer Publikation des Netzwerks Recherche zu lesen ist.[27]

Wenn die Mafia die Ehre der Polizisten retten will

Unternehmen nutzen auch ihre Macht als Werbekunden, um Redaktionen gefügig zu machen. Naturgemäß kommen solche Fälle selten ans Licht, weil meist keiner der Beteiligten ein Interesse daran hat, die Öffentlichkeit einzuschalten. Doch die erwähnte Journalistenbefragung von 2013 zum Thema «Gefahren für die innere Pressefreiheit» deutet darauf hin, dass Redaktionen zunehmend Rücksicht auf Anzeigenkunden nehmen, indem sie etwa zusätzliche journalistische Beiträge zur werblichen Unterstützung eines Unternehmens oder einer Branche bringen oder aber, indem sie bestimmte Nachrichten zurückhalten, die für den Inserenten unangenehm sind.[28]

Und selbst bei hoch angesehenen Qualitätsmedien finden sich merkwürdige Parallelen zwischen Anzeigenschaltung und Berichterstattung. Kommunikationswissenschaftler der Technischen Universität Dresden um Lutz M. Hagen erfassten in den Nachrichtenmagazinen Spiegel und Focus sämtliche Anzeigen aus dem Jahr 2011 und alle journalistischen Beiträge über 27 ausgewählte Unternehmen im selben Zeitraum. Ihr Fazit: In beiden Zeitschriften wurde über Unternehmen erstens häufiger, zweitens freundlicher und drittens mit mehr Produktnennungen berichtet, je mehr Anzeigen diese schalteten. Auch wenn die Forscher offenlassen, ob die Parallelen möglicherweise andere Ursachen haben als eine Korrumpierung der Redaktionen durch die Werbebudgets der Konzerne: Sie halten ihren Befund für bedenklich.[29]

«Unternehmen können heute in einem Ausmaß redaktionelle Berichterstattung kaufen, wie das früher völlig undenkbar war. Und sie machen davon Gebrauch.»[30] Das sagt Jürgen Gramke, der Vorsitzende des Arbeitskreises «Corporate Compliance», dem die Antikorruptions-Beauftragten zahlreicher Dax-Konzerne angehören: Allianz, BASF, Deutsche Bank, Deutsche Börse, Lufthansa, Deutsche Post, Deutsche Telekom, Eon, Munich Re, RWE und Volkswagen. Dieser Arbeitskreis hat Anfang 2015 einen Kodex für die Medienarbeit von Unternehmen erlassen, der das Ziel verfolgt, die Trennung von Werbung und unabhängiger journalistischer Berichterstattung wieder einzuführen, die vor allem bei kleineren Medienunternehmen schon stark gelitten habe. Bei aller Liebe zur Profitmaximierung mögen die Unternehmen doch bitte davon Abstand nehmen, per Anzeigenentzugsdrohung oder anderer Methoden weiter in die redaktionellen Teile der Medien hineinzuregieren – denn: «Nur unabhängige Medien gelten der Öffentlichkeit als glaubwürdig, und nur glaubwürdige Medien und glaubwürdige Berichterstattung über Unternehmen erreichen auf Dauer Einfluss auf die Öffentlichkeit», wie es im Kodex heißt.

Konzerne wollen also die Medien vor sich selbst schützen – verkehrte Welt. Das sei so ähnlich, wie wenn die Mafia die Berufsehre der Polizisten retten wollte, meinte dazu der Wirtschaftsjournalist Lutz Meier.[31] Oder: Da erkennt jemand, dass man den angesägten Ast, auf dem man selbst sitzt, nicht weiter strapazieren sollte.

4.
JOURNALISMUS ALS «INDEX» DER POLITISCHEN DEBATTE

Um den Quellen des Medien-Mainstreams auf die Spur zu kommen, lohnt es sich, ins Amerika der 1980er Jahre zurückzugehen. Damals erschütterte die sogenannte Iran-Contra-Affäre die Glaubwürdigkeit von US-Präsident Ronald Reagan. Alles fing damit an, dass der US-Kongress im Frühjahr 1983 dem Verdacht nachzugehen begann, dass die CIA verdeckte Operationen gegen die linksgerichtete sandinistische Regierung in Nicaragua durchführte, Häfen in dem kleinen mittelamerikanischen Land verminte und eine konterrevolutionäre Armee organisierte, die «Contras». Eine Untersuchung wurde eingeleitet, die fast vier Jahre dauerte. Ende 1986 lag dann offen, dass die Reagan-Administration die Contras mit Geld unterstützte, das aus geheimen Waffenverkäufen an den Iran stammte. Das war doppelt pikant, denn der Iran galt seit der Islamischen Revolution von 1979 offiziell als verfeindeter Staat, und im damals laufenden Iran-Irak-Krieg unterstützten die USA den Irak Saddam Husseins.

Unter den Parlamentariern und in der amerikanischen Bevölkerung war eine Unterstützung der Contras höchst umstritten, und seit Beginn der Untersuchungen versuchte Reagan, den Kongress von ihrer Notwendigkeit zu überzeugen. Die US-Medien inszenierten dieses Ringen als ein großes Polit-Spektakel. Im Frühjahr 1986 aber kollabierte der oppositionelle Block im Parlament. Was war passiert? Reagan hatte eine schmutzige Kampagne gegen einige Abgeordnete geführt, die zur Wiederwahl standen und besonders verwundbar waren – in bezahlten Fernsehspots wurde ihnen etwa vorgeworfen, sie würden dem Kommunismus in die Hände spielen. Die Kritik an Reagans Nicaragua-Politik war nun verstummt, und 1986 billigte der Kongress eine militärische Unterstützung für die Contras in Höhe von 100 Millionen Dollar.

Und die Medien? Man hätte erwarten können, dass sie, nachdem die Opposition mit so unlauteren Mitteln zum Schweigen gebracht worden war, als Wachhunde weiterhin einen kritischen Blick auf das Thema geworfen hätten, zumal es immer noch einzelne widerständige Abgeordnete gab und die Bevölkerungsumfragen eine Mehrheit gegen Reagans Politik anzeigten. Doch nichts dergleichen. Als die institutionelle Debatte verstummte, waren auch die Medien auf Reagans Linie eingeschwenkt. «Wer sich im Sommer 1986 einen Eindruck von der öffentlichen Meinung über die Nicaragua-Politik verschaffen wollte, musste anhand der Berichterstattung davon ausgehen, dass die Unterstützung der Contras von der Öffentlichkeit gewünscht war», schrieb der Politologe W. Lance Bennett von der University of Washington in Seattle, der die Artikel der New York Times zu diesem Fall untersuchte.[1]

Angepasst an die politische Elite

Um sich einen Reim darauf zu machen, entwickelte Bennett eine Hypothese, die er «Indexing» nannte. Die großen Medien, so besagt diese These, tendieren dazu, die Spanne der Meinungen und Argumente in der offiziellen politischen Debatte, also in Parlament und Regierung anzuzeigen, zu «indexieren». Dies treffe nicht nur auf Nachrichten und Berichte zu, sondern sogar auf Kommentare, in denen die Journalisten ihre eigene Haltung darlegen, denn Journalisten wichtiger Medien suchten meist Rückendeckung aus dem Establishment. Kritik stellt aus dieser Sicht keine Eigenleistung des Journalismus dar, sondern ist auf Gelegenheitsstrukturen im politisch-parlamentarischen Raum angewiesen. Gibt es dort Streit, bekommen auch die Mediennutzer eine lebhafte mediale Debatte geboten, besteht aber über ein Thema Konsens, so die Annahme, unterstützen die Medien die Regierungslinie. Andersautende Stimmen aus der Zivilgesellschaft schafften es nur dann in die Leitmedien, wenn ihre Meinungen und Ideen ohnehin schon in Eliten-Kreisen kursieren (zum Beispiel, wenn sich noch kein Angehöriger der politischen Elite traut, sie offen auszusprechen), oder in einem negativen, delegitimierenden Kontext, etwa in Berichten über Proteste, Gesetzesbrüche und Gewalt.

Warum sollten sich freie Medien so eng an den Diskurs in Parlament und Regierung binden? Der Politologe Bennett vermutet, dass Journalisten auf diese Art Druck und Kritik vermeiden und ihre Berichterstattung legitimieren können. Außerdem spart «Indexing» eine Menge Zeit, Geld und Arbeit. Schließlich stehen Journalisten vor der schwierigen Aufgabe, aktuelle und relevante Prozesse in der Gesellschaft abzubilden. Wenn die Leitfrage der täglichen Arbeit nicht «Was geschieht gerade Relevantes im Lande?», sondern «Worüber reden Parlament und Regierung?» lautet, wird die Komplexität der Aufgabe enorm reduziert – und auch beim «Aufziehen» einer Geschichte ist «Indexing» hilfreich. Denn ein Thema, bei dem es einen Konflikt zwischen zwei oder mehr hochrangigen Politikern gibt, erzählt sich fast von selbst. Es ist spannend, man kann es personalisieren, es ist folgenschwer – es hat auf jeden Fall einen hohen «Nachrichtenwert».

Forscher fanden sogar noch eine verschärfte Version dieses Berichterstattungsmusters und nannten es «Power Indexing». Das heißt: Anstatt eines Indizierens aller Meinungen innerhalb von Exekutive und Legislative wird reine Regierungsberichterstattung betrieben. Selbst wenn die Opposition im Parlament (also ein Teil der nationalen politischen Elite) gute Argumente und neue, überraschende Informationen anzubieten hat, wird sie – etwa bei außenpolitischen Krisen – zuweilen von den Journalisten ignoriert. Dafür kommen die Regierungen verbündeter Staaten ausführlicher zu Wort, wenn sie bei jenem Thema eine wichtige Rolle spielen.[2] Der journalistische Hintergedanke ist offenbar, jenen Akteuren den meisten Platz einzuräumen, die den mutmaßlich größten Einfluss auf das künftige Geschehen haben – die anderen erscheinen den Berichterstattern ebenso wie den politischen Entscheidern offenbar irrelevant. Eine Regel, die freilich den ohnehin Mächtigen noch weiter in die Hände spielt und die Ohnmächtigen noch weiter marginalisiert – und die den Journalisten nebenbei gute Beziehungen zu den Entscheidern sichert.

Bennett betont, dass «Indexing» kein absolutes, mechanisches Gesetz ist, sondern eine Daumenregel, die Journalisten meist unbewusst verfolgen, eine Verhaltenstendenz, von der es Abweichungen geben kann. Doch die Abweichungen seien umso geringer, je wichtiger das Thema ist. Bei Dosenpfand, Kampfhunden und Kita-Streik mag eine lebhafte Debatte mit einem breiten Meinungsspektrum stattfinden, aber wenn es ans Eingemachte geht, an Krieg und Militäreinsätze, an Außen- und Bündnispolitik, an Eigentumsverteilung, Makroökonomie und Welthandel, wenn sowohl die Interessen des Staatsapparates als auch die vieler Konzerne betroffen sind, wird die «Indexing»-Norm umso strikter befolgt. Erinnert Sie das an etwas? An die Ukraine-Krise vielleicht, die Finanzkrise, die Rettung «systemrelevanter» Banken, die Euro-Rettung und die Griechenland-Debatte? An die neoliberalen Reformen unter Schröder mit Sozialabbau, Deregulierung und Privatisierung? Oder an die Kriege, in die Deutschland in der jüngeren Vergangenheit gezogen ist?

Kritik nur an taktischen Details

Der Kosovo-Krieg war eine Zäsur in der Geschichte der Bundesrepublik. Der erste Angriffskrieg mit deutscher Beteiligung seit 1945, geführt im Verbund mit der Nato und mit humanitärer Begründung, aber völkerrechtswidrig. Im Bundestag herrschte hoher Konsens: Die Regierungsparteien SPD und Grüne wurden von CDU und FDP unterstützt, nur die PDS bezog Stellung gegen den Krieg. Und die Medien? Zwei Forscher, Christiane Eilders und Albrecht Lüter, werteten alle Leitartikel der fünf Zeitungen Welt, FAZ, Süddeutsche Zeitung, Frankfurter Rundschau und taz zwischen dem Beginn und dem Ende der Bombardierungen aus, von März bis Juni 1999. Ihr Fazit: Die «Einhelligkeit in der parlamentarischen Entscheidung über den Kriegseintritt spiegelte sich im Mediendiskurs fast identisch wider. Trotz des Zäsurcharakters in der deutschen Nachkriegsgeschichte fanden wir über das gesamte Zeitungsspektrum einschließlich der taz ein hohes Maß an Konsens über die grundsätzliche Legitimität einer deutschen Beteiligung am Kosovokrieg.»[3] Über die Hälfte der 190 Leitartikel zum Krieg war allgemein unterstützend, etwa ein Viertel äußerte sich kritisch, jedoch fast nur zu taktisch-prozeduralen Details. Fast nie wurde die fehlende völkerrechtliche Deckung des Angriffs thematisiert.

Zweieinhalb Jahre später, kurz nach dem 11. September 2001, zog Deutschland an der Seite seiner Bündnispartner in den Afghanistan-Krieg. Im Bundestag gab es dieselbe Konstellation wie im Fall Kosovo. Und die Medien? In den Kommentaren, die in den fünf genannten, tonangebenden Qualitäts-Tageszeitungen zwischen dem 12. September und dem 9. Dezember 2001 erschienen, waren laut einer Studie von Adrian Pohr[4] von allen wertenden Aussagen zwei Drittel kriegsunterstützend und ein Drittel kritisch, Letztere vor allem in der taz. Aufschlussreich ist dabei die Unterscheidung, ob die Wertungen eine grundsätzliche Haltung zum Krieg betrafen – ob der Krieg richtig ist und warum, ob es Alternativen gibt – oder ob sie lediglich Detailfragen betrafen, etwa die militärische Einsatzplanung, die Verwendung bestimmter Bombentypen oder die Gefährdung der Zivilbevölkerung. Laut den Daten war die Grundsatzdebatte deutlich unkritischer als die taktisch-performatorische: Wenn es um das «Ob» und «Warum» des Krieges ging, waren drei Viertel aller Aussagen kriegsunterstützend, wenn es um das «Wie» ging, war fast die Hälfte kritisch.

Dann kam der Irak-Krieg, zu dem Schröder «Nein» sagte und aus dem sich Deutschland zum Ärger der Bush-Administration heraushielt – und die deutschen Medien sahen sich Vorwürfen ausgesetzt, sie hätten einseitig US-kritisch berichtet und antiamerikanische Stimmungen in der Bevölkerung bedient. Ein Forscherteam wollte das genau wissen und untersuchte die Nachrichten- und Sondersendungen von ARD, ZDF, RTL, SAT.1, n-tv und N24 aus den ersten beiden Wochen des Krieges im März und April 2003. Das Ergebnis: Die Journalisten äußerten höchst selten ihre Meinung direkt, jedoch ließen sie in knapp 40 Prozent der Beiträge andere Personen mit Meinungen zum Krieg zu Wort kommen. Der Löwenanteil dieser Meinungen betraf die Legitimität des Krieges und war sehr negativ. Aber antiamerikanisch? Zum Vergleich zogen die Forscher die Berichterstattung von ARD, ZDF, RTL und SAT.1 über den Kosovo- und den Afghanistan-Krieg heran und fanden: «Die Bewertung der Kriege sowie der (...) Kriegspolitik der USA und ihrer Unterstützer ist im Fall des Kosovo-Kriegs leicht positiv, fast ausgewogen, im Fall des Afghanistan-Kriegs leicht und im Fall des Irak-Kriegs stark negativ.»[5] Die stark US-kritische Perspektive aus dem Irak-Krieg war also nicht zu verallgemeinern; vielmehr schlussfolgerten die Autoren, dass die Berichterstattung «stets die Positionen der jeweiligen *nationalen Regierungspolitik* zu diesen Krisen oder Kriegen reflektiert». Die Meinungstendenzen ließen sich am besten «im Rückgriff auf die deutsche Innenpolitik – genauer: durch die jeweilige Konstellation der politischen Positionierung von Bundesregierung, Regierungskoalition, Opposition und Bevölkerung» erklären.

«Den Beschwichtigungen der Politiker und Banker gefolgt»

Auch in Untersuchungen der Berichte über die EU-Osterweiterung 2000 bis 2002,[6] die Einführung von Hartz IV zum Jahreswechsel 2004/05[7] und die Finanzmarkt-Deregulierung bis zur Finanzkrise 2008[8] finden sich viele Indizien dafür, dass sich die großen Medien oft an die Deutungsmuster klammern, die politische (und andere) Eliten vorgeben. Das sehen sogar hochrangige Journalisten so. Kurz nach Ausbruch der Finanzkrise Ende 2008 urteilte Claus Hulverscheidt, damals Chef des Wirtschaftsressorts der Süddeutschen Zeitung, über seine Zunft: «Viele Journalisten sind der Themenkonjunktur und den Beschwichtigungen von Seiten der Politiker und Banker zu lange gefolgt.» Der damalige Chefredakteur der Wirtschaftswoche, Roland Tichy, glaubte, dass «sich die meisten vom Urteil der großen Wirtschaftsinstitute, der Volkswirte und der Bundesregierung sehr stark abhängig fühlen».[9] Und der Zeit-Redakteur Marc Brost erzählte von einer Reise des Bundesfinanzministers Peer Steinbrück nach Washington im Februar 2007, bei der auch Journalisten dabei waren und bei der bereits über die berüchtigten Subprime-Kredite gesprochen wurde, die die Finanzkrise dann auslösten: «Warum begannen nicht wenigstens die Medien im Frühjahr 2007, diese Blase näher zu untersuchen? Weil auch viele Journalisten Risikominimierer sind. (…) Auch für die Masse der Journalisten war es einfacher, immer neue

4. JOURNALISMUS ALS «INDEX» 65

Jubelartikel über den fortwährenden Boom zu schreiben, als auch einmal auf die Gefahren der Blase hinzuweisen. Die Wirtschaft brummte, und wer zu früh warnte, war der Depp.»[10]

Journalismus fällt auf diese Weise als Frühwarnsystem für Fehlentwicklungen regelmäßig aus – und nach dem bösen Erwachen gibt es dann stets ein bisschen Selbstkritik in Branchenmagazinen und auf Medientagungen. Bei den Nutzern dürfte das allerdings weniger hängen bleiben; in deren Gedächtnis summieren sich wohl eher die unterlassenen Warnungen, die Affirmationen noch kurz vor der Krise, die Beschönigungen und auch die Lügen, die Medien oft unhinterfragt und ungeprüft an ihr Publikum durchreichen, wenn sie von den eigenen Eliten oder deren Verbündeten kommen. Erinnern Sie sich an den «Hufeisenplan», den Verteidigungsminister Rudolf Scharping während des Kosovo-Krieges zur Legitimation der deutschen Kriegsbeteiligung präsentierte? Der serbische Präsident Slobodan Milošević habe bereits vor Kriegsbeginn begonnen, systematisch die Albaner aus dem Kosovo zu vertreiben; daher sei der Krieg nötig, um eine humanitäre Katastrophe zu verhindern. Fast alle großen Medien, mit wenigen Ausnahmen wie der Frankfurter Rundschau, hielten das für plausibel und gaben den Plan als Tatsache aus, obwohl die Bundesregierung den Beweis für seine Existenz schuldig blieb, sich Politiker, Diplomaten und Militärs schon damals in Widersprüche verwickelten und ein Insider, General Heinz von Loquai, im ARD-Politmagazin Panorama Scharping der Lüge bezichtigte[11] – er hatte zuvor im Verteidigungsministerium über die Hintergründe des «Hufeneisenplans» recherchiert. Das Gros der Medien interessierte sich dafür nicht.

4. JOURNALISMUS ALS «INDEX»

Als drei Jahre später der Irak-Krieg seine Schatten vorauswarf und US-Außenminister Colin Powell der UN-Vollversammlung gefälschte Belege für die Behauptung vorlegte, Saddam Hussein verstecke Massenvernichtungswaffen, war Skepsis für viele Medien wieder ein Fremdwort: «US-Außenminister Powell legt in der UNO Beweis-Fotos vor: Das sind Saddams Waffen» (Bild), «Powell: Irak täuscht die Welt» (Berliner Zeitung), «Powell: So täuscht Saddam» (Hamburger Abendblatt), «Powell nennt Fakten» (Rheinische Post). Auch die FAZ fand, die «Beweisführung» sei «beeindruckend» (alle Zitate vom 6. Februar 2003). Ein bisschen misstrauischer hätte man schon sein müssen, immerhin war bereits während des vorangegangenen Golfkriegs gegen den Irak 1991 mit einer erfundenen Geschichte gearbeitet worden, der «Brutkastenlüge». Eine 15-jährige angebliche Hilfskrankenschwester aus Kuwait hatte damals unter Tränen vor einem Ausschuss des US-Kongresses ausgesagt, irakische Soldaten hätten bei der Invasion Kuwaits frühgeborene Babys aus ihren Inkubatoren gerissen und auf dem kalten Boden sterben lassen. Das Mädchen war in Wahrheit die Tochter des kuwaitischen Botschafters in den USA und die Story von der amerikanischen PR-Agentur Hill & Knowlton erdichtet, gegen Bezahlung durch die kuwaitische Regierung. Auch das Eingreifen der USA in den Vietnam-Krieg 1964 war mit einer Lüge legitimiert worden. Nordvietnamesische Schnellboote hätten im Golf von Tonkin zwei amerikanische Kriegsschiffe ohne Anlass beschossen – ein Angriff, der laut den 1971 enthüllten «Pentagon-Papieren» gezielt vorgetäuscht worden war.

Auf der Suche nach Erklärungen für Mainstream-Phänomene bleibt festzuhalten: Die Leitmedien in Deutschland sind keinesfalls monolithisch, immer wieder gibt es kritische Analysen, entlarvende Faktenchecks und enthüllende Recherchen. Aber für die Gesamtheit der Medien, die schnell und kontinuierlich preiswerte Inhalte mit glaubwürdigen Akteuren produzieren müssen, liegt es nahe, sich an der Themen-Agenda und dem Meinungsspektrum der Eliten zu orientieren. Dieses Milieu der Entscheider und Insider, vor allem in den Bereichen Politik und Wirtschaft, übt unbestreitbar einen Sog auf Journalisten aus. Wie Eisenspäne richtet sich jeweils das Gros der Berichterstatter auf diesen Magneten aus, und nur wer die Zeit, das Geld, die Nerven und die Fähigkeiten für Recherche und Reflexion hat, kann Farbtupfer, Abweichungen und Alternativen in den «enormen homogenen Brei» (Pierre Bourdieu)[12] des Medien-Mainstreams bringen.

«Indexing»: Problem oder Segen für die Demokratie?

Eine «Gleichschaltung der medialen Debattenstruktur mit dem Diskurs der politischen Elite» (Adrian Pohr)[13], wie sie die «Indexing»-Hypothese nahelegt, ist nicht für alle Beobachter ein Problem. Schließlich sind Parlamentarier und Regierungsmitglieder durch Wahlen vom Volk legitimiert – anders als Journalisten, deren persönliche Vorlieben für Themen und Meinungen keine solche demokratische Legitimation aufweisen. Ein Gegenspieler des «Indexing»-Theoretikers Bennett, der Politik-Professor Scott Althaus von der University of Illinois, meint sogar, dass man sich kaum eine funktionierende Presse vorstellen kann, die nicht wie ein Schatten den Regierungsaktivitäten folgt, denn: «Regierungsinstitutionen haben die effizientesten, verlässlichsten und legitimen Mittel, um wichtige soziale Entwicklungen zu registrieren.»[14] Außerdem könnte «autonome Medienberichterstattung, die sich außerhalb der Grenzen des Elitendiskurses bewegt, die Öffentlichkeit eher verwirren oder ablenken, anstatt eine rationale Debatte zu befördern».[15]

Solche Befürchtungen, die öffentliche Debatte könnte vor lauter Themenvielfalt ausfransen und die Gesellschaft sich nicht mehr auf Probleme konzentrieren, mögen nicht ganz von der Hand zu weisen sein. Richtig ist auch, dass Mitglieder von Parlament und Regierung sachkompetente Quellen sind. Aber sie haben auch Interessen, Ziele und Agenden. Manche Probleme, an deren Bewältigung sich ihre Kompetenz zu erweisen hätte, wollen sie vielleicht gar nicht erst zum öffentlichen Thema werden lassen, oder sie unterschlagen bestimmte Argumente, die ihrer Position gefährlich werden könnten. Solange sich das Establishment selbst kontrolliert, alle Fraktionen der Macht gegenseitig die blinden Flecken der jeweils anderen ausleuchten und alle Interessen und Meinungen der Bevölkerung im Parlament repräsentiert sind, fällt ein tendenziell passiver Journalismus, der sich auf das Spiegeln des Elitendiskurses beschränkt, auch nicht weiter auf. Aber was, wenn der Meinungskorridor auch im Regierungsviertel enger wird? Wenn politische Entscheider ihr Tun als alternativlos und als bloße Exekution von Sachzwängen darstellen, ohne von einer starken Opposition herausgefordert zu werden? Wenn sich Parteiprogramme angleichen, die CDU ökologischer wird, die SPD wirtschaftsliberaler und die Grünen militärfreundlicher?

«Es herrscht in allen wichtigen Fragen eine schwarz-rot-grüne Koalition», konstatierten 2015 die Zeit-Redakteure Matthias Geis und Bernd Ulrich. Schon seit der Schröder-Regierung rangiere «pragmatische Krisenbewältigung» vor demokratischer Willensbildung, und es sei das «schmutzige Geheimnis des Konsenssystems, dass unter der Kooperation der demokratischen Kräfte die Demokratie selbst in Mitleidenschaft gezogen wird».[16] In solch einer Situation erscheint es umso wichtiger, dass die Medien das politische Entscheidungszentrum auf zu bearbeitende Probleme aufmerksam machen, nicht repräsentierte Bevölkerungsmeinungen ins Spiel bringen und die Mächtigen durch die Formulierung von politischen Optionen unter Druck setzen.

Warum das so schwerfällt? Das hat mit den beschriebenen Zwängen durch Zeit- und Kostendruck zu tun, aber auch mit der Herkunft der Journalisten, ihrer beruflichen Sozialisation und mit ihren Netzwerken.

5.
DIE MILIEUS
DER MAINSTREAM-MACHER

Von manchen Intellektuellen wird das gegenwärtige politisch-mediale Klima in Deutschland als links bzw. rotgrün-lastig empfunden. Dazu gehören der Philosoph Peter Sloterdijk, die Publizisten um Henryk M. Broders Website «Achse des Guten» und der ehemalige Wirtschaftswoche-Chefredakteur Roland Tichy. An dieser Kritik von liberalkonservativer Seite, der wiederum die Kritik an einem neoliberalen Mainstream von Alt-Sozialdemokraten wie Albrecht Müller (Nachdenkseiten.de) oder Thomas Meyer (Neue Gesellschaft/Frankfurter Hefte)[1] gegenübersteht, ist (nur) die Hälfte wahr.

Kaum jemand wird behaupten, Deutschlands Leitmedien würden marxistische Axiome zugrunde legen, zur Überwindung des Kapitalismus aufrufen oder die Eigentumsverhältnisse grundlegend in Frage stellen. Als im Auftrag der Rosa-Luxemburg-Stiftung Wolfgang Storz und Hans-Jürgen Arlt die Kommentierung des Themas «Armut und Reichtum» in der Qualitätspresse des Jahres 2013 untersuchten, kamen sie zu dem Ergebnis: «Eine Auseinandersetzung mit der Macht privater Großvermögen, die ihre Interessen ohne Worte zur Geltung bringen können, findet nicht statt. Der riesige Reichtum in den Händen weniger wird entweder überhaupt nicht kommentiert oder selbst dann nicht genauer durchleuchtet, wenn er kritisch bewertet wird.»[2] Dass das so ist, dürfte kaum verwundern. Denn weder gab es im politischen Establishment eine Debatte über Superreiche, die man per «Indexing»-Norm hätte abbilden können. Noch wären die Milliardäre aus den Verlegerfamilien Springer, Mohn, Burda, Holtzbrinck, Schaub oder Funke, denen viele Zeitungen, Zeitschriften und Fernsehsender gehören, oder die Werbekunden der betreffenden Medien darüber besonders erbaut gewesen; kämen sie doch selbst in den Fokus der Kritik und der Begehrlichkeiten.

Dass der Mainstream im klassischen Sinne links wäre, kann in den Bereich der Legende verwiesen werden. Dass er sozialdemokratisiert ist, wird schon eher plausibel, wenn man den wirtschafts- und arbeitsmarktpolitischen Schwenk der deutschen Sozialdemokratie unter der Regierung Schröder bedenkt; «rot» ist seitdem nicht mehr ganz so «links». Nachdem die SPD mit der Agenda 2010 unternehmerfreundlicher geworden war, hat sich die CDU seit 2010 in Sachen Zuwanderung, Mindestlohn, Familienpolitik, Umwelt- und Klimaschutz sozialdemokratischen und grünen Positionen angenähert. So ist in den letzten Jahren de facto jene schwarz-rot-grüne Koalition erwachsen, die auch in Sachen Freihandel, Waffenexporte, Auslandseinsätze und Kampfdrohnen große Schnittmengen aufweist.

Rot-grüne Political Correctness

Worin der mediale Mainstream tatsächlich rot-grün oder vielmehr grün ist, kann am ehesten mit «pluralistischem Relativismus» umschrieben werden: Multikulturalität und Vielfalt, Weltoffenheit und Toleranz, Gleichstellung und Minderheitenschutz, Antidiskriminierung und Gender Mainstreaming – und gleichzeitig Ablehnung und Bekämpfung von allem, was in diesem Sinne nicht «politisch korrekt» ist. Dass es in den großen Medien diesbezüglich tatsächlich bestimmte Zwänge und Sprachverbote gibt, bewies die tragikomische Posse um eine Ausgabe der ARD-Talkshow «Hart aber fair» vom März 2015 mit dem Titel «Nieder mit den Ampelmännchen – Deutschland im Gleichheitswahn?». Frank Plasberg diskutierte darin unter anderem mit dem FDP-Vizevorsitzendem Wolfgang Kubicki, dem Grünen-Fraktionschef Anton Hofreiter und der Schauspielerin Sophia Thomalla über Gleichstellungspolitik und Geschlechterforschung – allerdings nicht mit der gebotenen Ernsthaftigkeit und Neutralität, wie Frauenverbände und Gleichstellungsbeauftragte in Programmbeschwerden monierten. Zwar sah der Rundfunkrat des WDR in der Sendung keine Verstöße gegen Programmgrundsätze, fand sie aber dennoch unseriös, und der Sender entfernte sie aus der Mediathek – nur um sie (nach Zensur-Vorwürfen) wieder hineinzustellen und schließlich Frank Plasberg nachsitzen zu lassen: Er musste den Talk mit denselben Gästen plus einer der Beschwerdeführerinnen – und weniger provokant – wiederholen.[3]

Ein solcher postmoderner Medien-Mainstream kommt nun beinahe zwangsläufig in Konflikt mit den Teilen der

Bevölkerung, die traditionellere Lebensentwürfe und eine kulturell homogene Heimat bevorzugen und die den angeblichen «irren Kult um Frauen, Homosexuelle und Zuwanderer» – so der Untertitel eines Buches des deutschtürkischen Rechtspopulisten Akif Pirinçci, das sich innerhalb weniger Wochen erstaunliche 200 000 Mal verkauft hat – nicht nachvollziehen können. Ein tiefer Graben zwischen den gesellschaftlichen Eliten und einem gar nicht so kleinen Teil der Bevölkerung wurde zum Jahreswechsel 2014/15 sichtbar, als in Dresden zehntausende (und anderswo weit weniger) «Patriotische Europäer gegen die Islamisierung des Abendlandes» auf die Straße gingen. Für das politisch-mediale Establishment war klar: kein Verständnis für diese außerparlamentarische Opposition von rechts (und von unten, denn es handelte sich vor allem um Kleinbürgertum und um Amateure in der politischen Kommunikation). Pegida wurde als fremdenfeindlich und im Kern rassistisch charakterisiert. Dahinter steckten «Neonazis in Nadelstreifen» (so der NRW-Innenminister) und «geistige Brandstifter» (die SPD-Generalsekretärin), die Bewegung sei eine «Schande für Deutschland» (so der Bundesjustizminister) und «Mischpoke» (der Grünen-Chef). In Deutschland gelte zwar die Demonstrationsfreiheit, meinte schließlich auch die Bundeskanzlerin, «aber hier ist kein Platz für Hetze und Verleumdung von Menschen, die aus anderen Ländern zu uns kommen». Dies war auch der Tenor in den großen Medien: «Eine Absolution des Mitläufertums ist unangebracht», urteilte die Süddeutsche Zeitung,[4] und die FAZ gab für die Demonstranten Nachhilfe in Staatsbürgerkunde: Es gäbe für alle Bürger «die Pflicht zur Urteilskraft, zur Mäßigung, zur Verantwortung, zur Bereitschaft, Staat und Gesellschaft mit Elan und Engagement zu dienen. (...) Gegen diese Pflichten haben alle, die sich bei Pegida blicken ließen, verstoßen.»[5]

In der humanistischen Intention, Rassisten keinen öffentlichen Raum zu geben und fremdenfeindliche Gewalt zu verhindern, vergaß man während des Abwehrkampfes häufig die Differenzierung zwischen den relativ wenigen Rechtsextremen und den relativ vielen Rechten, sprich: Konservativen, die da laut mehrerer Umfragen[6] unterwegs waren und die sie sich von einer sozialdemokratisierten und ergrünten CDU nicht mehr repräsentiert fühlten. Im Positionspapier von Pegida fand sich kein offener Rassismus, die Forderungen klangen eher «wie das CDU-Programm von 1980» (Harald Martenstein),[7] und Politikwissenschaftler der TU Dresden stellten fest: «Das bei Pegida-Demonstranten festgestellte Ausmaß an Islam- und Ausländerfeindlichkeit unterscheidet sich noch nicht einmal von der durchschnittlichen (hohen) Verbreitung dieser Einstellungsmuster in der Gesamtbevölkerung – im Osten wie im Westen.»[8] Mit ihren von Politik und Medien verachteten «diffusen Ängsten» waren die Demonstranten denn auch keineswegs allein. Während der Hochphase von Pegida zeigten in einer repräsentativen Umfrage für Zeit Online vom Dezember 2014 ganze drei Viertel der Deutschen Verständnis für die Anliegen der Demonstranten: 30 Prozent «voll und ganz», 19 Prozent «eher ja» und 26 Prozent «teils, teils». 73 Prozent sorgten sich, dass der radikale Islam in Deutschland an Bedeutung gewinnt.[9] Eine spätere Umfrage vom September 2015 des Instituts Insa-Consulere im Auftrag der evangelisch-konservativen Nachrichtenagentur idea ergab, dass im Angesicht der Flüchtlingskrise 49 Prozent der Deutschen Angst vor einer

«Islamisierung» hatten.[10] Am größten war diese Angst unter Wählern der AfD (94 Prozent von ihnen teilten diese Sorge) und der FDP (68 Prozent), am wenigsten Angst hatten Wähler der SPD (42 Prozent), der Linken (39 Prozent) und der Grünen (35 Prozent). CDU-Wähler lagen in der Mitte.

Dass Deutschlands Journalisten diese Sorgen offenbar nicht teilten, liegt wohl auch daran, dass sie in Sachen Bildungsstand, Parteineigung und Milieuzugehörigkeit keineswegs ein Spiegel der deutschen Bevölkerung sind. Sie neigen zum Beispiel am ehesten Parteien zu, deren Wähler sich von einer «Islamisierung» weniger bedroht sehen. Bei der letzten großen Journalistenbefragung 2005 fühlten sich 36 Prozent den Grünen nahe (zum Vergleich: bei der Bundestagswahl im selben Jahr kamen die Grünen auf 5,4 Prozent) und 26 Prozent der SPD (38,4 Prozent bei der Bundestagswahl). Eine CDU-Neigung war unterrepräsentiert: 9 Prozent unter Journalisten standen 32,6 Prozent bei der Bundestagswahl gegenüber – wobei eingeschränkt werden muss, dass in der Journalistenbefragung die Parteineigung und nicht die Wahlabsicht abgefragt wurde und auch 20 Prozent der Journalisten angaben, keiner Partei zugeneigt zu sein.[11]

Auch beim Bildungsstand zeigt sich eine Kluft: Anders als die Gesamtbevölkerung, in der nur rund 14 Prozent einen Hochschulabschluss haben,[12] ist der Journalistenberuf weitgehend durchakademisiert. Im Jahr 2005 hatten 69 Prozent aller deutschen Journalisten einen Hochschulabschluss, weitere 15 Prozent waren Studienabbrecher, hatten also zumindest schon mal eine Hochschule von innen gesehen. Die Forscher Siegfried Weischenberg, Maja Malik und Armin Scholl resümieren, «dass der Eintritt in eine Redaktion ohne Studienabschluss heutzutage kaum noch möglich ist».[13] Journalisten sind eine Bildungselite – was angesichts ihrer Aufgabe, komplexe Themen zu recherchieren und zu vermitteln, auch erst einmal nicht problematisch ist. Doch der Werdegang und persönliche Hintergrund haben Auswirkungen darauf, welche Fragen man an die Welt stellt, für welche Werte man kämpft und welche Sorgen man sich macht. Von daher ist ein weiterer Befund noch brisanter: Zwei Drittel aller Journalisten sind in einem gut abgesicherten Angestellten- oder Beamtenhaushalt groß geworden, Kinder von Arbeitern stellen eine kleine Minderheit dar.[14]

Die Kluft zwischen den Milieus

Der Zeit-Reporter Stefan Willeke hat einmal zugegeben, Deutschlands Journalisten steckten «in einer Homogenitätsfalle der urbanen Mittelschicht», sie lebten «viel zu oft in denselben bürgerlichen Stadtteilen derselben Großstädte, in Berlin-Prenzlauer Berg oder in Hamburg-Eppendorf. Altbau, hohe Decken, Fischgrätparkett. Natürlich leidet unser Blick auf die Welt unter dem Eppendorf-Syndrom.»[15] Auch sein Chefredakteur Giovanni di Lorenzo ist sich des Problems bewusst: «Ich glaube, unser journalistisches Personal ist zu einheitlich sozialisiert. Die Milieus sind zu ähnlich. Wenn Redaktionen neue Leute holen, holen sie jemanden, ‹der zu uns passt›.»[16] Die Milieuforschung bestätigt das: Während die Mediennutzer ganz verschiedenen Milieus mit divergierenden Lebensumständen, Werten und Zielen angehören, bilden die Journalisten eine relativ homogene Szene.

Der wohl bekannteste Ansatz der Milieusoziologie ist das Modell der Sinus-Milieus. Hier fließen sowohl objektive, äußere Faktoren wie Alter, Bildung und Einkommen als auch subjektive Faktoren wie Lebensstil, Ziele und Werte ein. Folgt man diesem Modell, leben in Deutschland zehn verschiedene Milieus nebeneinander, denen jeweils zwischen 7 und 15 Prozent der Bevölkerung angehören, die also mehr oder weniger gleich groß sind. Das Sinus-Institut ordnet sie auf einem Diagramm in Kreisen so an, dass die X-Achse die soziale Lage anzeigt und die Y-Achse die Grundorientierung: Ein Milieu, das zum Beispiel links unten angesiedelt ist, ist der Unterschicht und den Traditionell-Wertkonservativen zuzurechnen, ein Milieu rechts oben verfügt über hohes Einkommen und ist an moderneren Werten orientiert.

Da gibt es das «traditionelle Milieu» der Sicherheit und Ordnung liebenden Kriegs- und Nachkriegsgeneration, in dem Sparsamkeit und Konformismus zentrale Werte sind und das der traditionellen Arbeiterkultur verhaftet ist. Oder, genauso konservativ, aber einkommensstärker, das «konservativ-etablierte Milieu», also das klassische Establishment mit Standesbewusstsein, Erfolgsorientierung und Verantwortungsethik. Im «prekären Milieu» findet sich die um Orientierung und Teilhabe bemühte Unterschicht mit starken Zukunftsängsten und Ressentiments. Die «Hedonisten» sind ähnlich einkommensschwach, aber eher spaß- und erlebnisorientiert und verweigern sich den Konventionen der Leistungsgesellschaft. Daneben gibt es das «liberal-intellektuelle Milieu», wo eine aufgeklärte Bildungselite mit hohem Einkommen zu finden ist, oder das «sozialökologische Milieu» mit moralisierenden «Bannerträgern von Political Correctness und Diversity», die konsumkritisch und globalisierungsskeptisch sind. Die vielbeschworene «bürgerliche Mitte» macht im Sinus-Modell 14 Prozent der Bevölkerung aus, sie wird dort charakterisiert als der «leistungs- und anpassungsbereite bürgerliche Mainstream», der die gesellschaftliche Ordnung generell bejaht und sich nach Harmonie, Aufstieg und sozialer Sicherheit sehnt.[17]

Die deutschen Journalisten sind nun alles andere als ein Spiegelbild dieser Vielfalt an Milieus – sie konzentrieren sich in nur wenigen Lebenslagen. Zwar stammt die einzige Studie über die Milieuzugehörigkeit von Journalisten aus dem Jahr 1999 und hat nur die Kollegen in Bayern untersucht. Doch gibt sie immerhin einen groben Eindruck. Demnach waren Journalisten in nennenswerter Anzahl nur fünf der zehn Sinus-Milieus zuzurechnen, mit deutlichem Übergewicht beim «Liberal-intellektuellen Milieu»: Während damals 10 Prozent der Gesamtbevölkerung diesem Milieu zugerechnet wurden, waren es bei den Journalisten 43 Prozent. Auch zwei weitere, eher postmaterialistische und gut situierte Milieus waren unter Journalisten überrepräsentiert, während konservativ-kleinbürgerliche Werte und wenig abgesicherte Lebenslagen notorisch unterrepräsentiert waren.[18] Es gibt einigen Grund, anzunehmen, dass inzwischen bei vielen Journalisten die materielle Situation durch die prekären Arbeitsverhältnisse schlechter geworden ist; die Orientierung an modernen Werten jedoch dürfte nicht abgenommen haben.

Nicht parkettsicher

Wenn sich die Angehörigen bestimmter Milieus in Redaktionen ballen, dann hat das Auswirkungen auf die Diskussionen an den Konferenztischen, auf Veröffentlichungsentscheidungen und auf Karrieren. Die Journalistin Undine Zimmer ist Jahrgang 1979 und kommt aus der Unterschicht. Als Kind von Eltern, die von Sozialhilfe und in Trennung lebten, hat sie erfahren, was es heißt, ohne Familienurlaube, Freizeitparks und Fruchtzwerge auszukommen und jeden Euro dreimal umzudrehen. Sie hat sich hochgearbeitet: studiert, Praktika gemacht, nebenbei gekellnert. Ein Jahr nach Abschluss des Studiums macht sie ein Praktikum beim renommierten Zeit-Magazin. Ein paar ihrer Themenideen, so erzählt sie der Reporterin Julia Friedrichs[19], werden zunächst abgelehnt, bis sie vorschlägt, die Geschichte ihrer Eltern zu erzählen. Der Vorschlag wird angenommen, und im Oktober 2011 druckt das Zeit-Magazin ihr Porträt «Meine Hartz-IV-Familie». Es beeindruckt Leser wie Kollegen – so sehr, dass sie ein halbes Jahr später für den Henri-Nannen-Preis nominiert wird, einen der wichtigsten Journalistenpreise des Landes. Sie gewinnt ihn zwar nicht, aber die Teilnahme an der glamourösen Gala im Hamburger Schauspielhaus mit der ersten Garde des deutschen Prestige-Journalismus ist dennoch eine Art Ritterschlag für die Bildungsaufsteigerin.

Ende gut, alles gut? Bereits ein halbes Jahr später kellnert sie wieder, um den Einstieg in den Journalismus zu finanzieren, und sie erzählt der Reporterin Julia Friedrichs: «Die Nominierung zum Nannen-Preis kommt mir unwirklich vor (...). Noch immer fühle ich mich in der

Journalismus-Welt fremd und eigentlich immer fremder.»
Oft habe sie den Eindruck, dass Redaktionen die Themen,
die sie selbst bewegen, die Fragen, die sie sich stellt, nicht
nachvollziehen können. Sie sei unsicher, wenn es darum
gehe, Ideen zu verkaufen und Projekte anzupreisen. «Ich
weiß nicht, ob das an mir liegt oder an meiner Herkunft»,
sagt Zimmer.

Gegen die Schwerkraft anrennen

Das Elternhaus und das weitere Umfeld statten Menschen
nicht nur mit Geld oder Bildung aus, sondern auch mit
einer bestimmten Art von Identität, Selbstbewusstsein
und Haltung, mit Wahrnehmungs-, Denk- und Handlungsmustern, kurz: einem «Habitus». Für den französischen Soziologen Pierre Bourdieu war der Habitus für
das Verstehen sozialer Verteilungskämpfe ungemein
wichtig, denn der Habitus sorge dafür, dass sich Angehörige derselben Schicht oder desselben Milieus als «Verwandte» erkennen. Arbeitet etwa ein Bildungsaufsteiger
in einer Umgebung, die nicht zum eigenen Habitus passt,
kommt es zu Verhaltensunsicherheiten. «Diejenigen, die
fernab des Feldes, dem sie angehören, ihre Einstellungen
erworben haben, andere, als sie das Feld erfordert, laufen
deshalb Gefahr, immer verspätet, fehl am Platz, am falschen Platz zu sein, sich unwohl in ihrer Haut zu fühlen,
gegen die Schwerkraft, gegen die Zeit anrennen zu müssen», schreibt Bourdieu.[20] Ihnen fehlen oft der «Spielsinn»,
der «Platzierungssinn» sowie die Ausstrahlung der Selbstverständlichkeit, dass sie hier richtig sind und auch hier
bleiben werden – die aber sind von Vorteil, um sich in

Konkurrenzkämpfen um Positionen und Ressourcen durchsetzen zu können.

Sie sind auch von Vorteil, um überhaupt eine Journalisten-Ausbildung beginnen zu können. Neben dem klassischen Volontariat und einem Journalistik-Studium gibt es in Deutschland Journalistenschulen, die als Kaderschmieden für prestigeträchtige Medien gelten. Zu den bekanntesten gehören die Henri-Nannen-Schule, die Deutsche Journalistenschule, die Axel-Springer-Akademie, die Kölner Journalistenschule, die RTL-Journalistenschule und die Georg-von-Holtzbrinck-Schule für Wirtschaftsjournalisten. Wer auf einer solch exklusiven Einrichtung war, hat einen Vertrauensvorschuss beim künftigen Arbeitgeber. Nicht wenige landen in redaktionellen Führungspositionen. Alpha-Tiere wie Günter Jauch, Sandra Maischberger, Kurt Kister (der Chefredakteur der Süddeutschen Zeitung), Volker Herres (der Programmdirektor der ARD), Dirk Kurbjuweit und Cordt Schnibben (Spiegel), Marion von Haaren (ARD), Peter Kloeppel (RTL), Christoph Keese (ehemaliger Chefredakteur der Welt) und Elisabeth Niejahr (Zeit) waren Journalistenschüler.

Die Mittelschicht-Kinder an den Journalistenschulen

Doch zunächst gilt es, aus der Masse an Bewerbern ausgewählt zu werden. Oft wird Journalismus als «offener Begabungsberuf» angesehen; Studien haben dies jedoch als Mythos entzaubert. Eine Befragung von 58 Absolventen dreier Journalistenschulen, durchgeführt im Auftrag der Friedrich-Ebert-Stiftung,[21] ergab, dass die meisten aus der

Mittelschicht stammten. Der Beruf des Arbeiters bzw. der Arbeiterin kam bei den Eltern so gut wie nicht vor. Ähnliches fand die Soziologin Klarissa Lueg bei ihrer Befragung von 56 Journalistenschülern: Es gibt eine überdurchschnittlich starke soziale Selektion an Journalistenschulen. Die qua Geburt Begünstigten schaffen es am ehesten an eine der exklusiven Journalistenschmieden.

Um den Gründen dafür auf die Spur zu kommen, interviewte Lueg auch die Schulleiter – und es stellte sich heraus, dass neben formalen Voraussetzungen wie abgeschlossenem Studium, Fremdsprachenkenntnissen oder Arbeitserfahrung vor allem Ausstrahlung und Persönlichkeit zählen. Mit anderen Worten: der Habitus. Begünstigt werden Bewerber, die ein «einnehmendes und vertrauenerweckendes Wesen» haben, die sich an ihre Gesprächspartner anpassen, sie gewissermaßen spiegeln können, und ihnen auf Augenhöhe begegnen. Die Schulleiter denken dabei, so Lueg, auch an «gesellschaftlich etablierte bis machtvolle Gruppen», denn denen gilt es, später im Berufsleben unter Aktualitätsdruck Informationen zu entlocken.[22] Und da man «seinesgleichen» am ehesten vertraut, scheint es für Journalisten hilfreich, wenn sie parkettsicher und ihren Quellen aus der Oberschicht ähnlich sind. Vermittelt durch die Schulleiter als Scharnier, wirkt das Establishment so indirekt bei der Auslese des Journalistennachwuchses mit. Auch später bestimmen Entscheider aus Politik oder Wirtschaft mit, wem sie Interviews geben oder exklusive Informationen zuspielen und damit, wessen Karriere sie befördern. Da Journalisten in der redaktionellen Hierarchie auch nicht per Wahl in der Redakteursversammlung aufsteigen, sondern per Berufung durch die Redaktionsleitung, die wiederum von Verlagsentscheidern (die die Interessen der Eigentümer vertreten) oder Sendeanstaltsgremien (die de facto von Parteipolitikern dominiert werden) inthronisiert wird, sei die Zuspitzung erlaubt: Die Eliten suchen sich ihre Journalisten aus.

6.

EMBEDDED IN ELITEN-NETZWERKEN

Wer vom Habitus her kompatibel mit den oberen Schichten ist, hat größere Chancen auf eine Karriere im Journalismus – vor allem in solchen Medien, die den Anspruch haben, das Geschehen im Milieu der Entscheider aktuell und detailliert abzubilden und daher auf Quellen in den höheren Etagen angewiesen sind. Prestige-Medien wie die Süddeutsche Zeitung, die Frankfurter Allgemeine, die Welt, der Spiegel und die Zeit verstehen sich auch als Plattformen des Elitendiskurses, als Orte, wo Politiker, Wirtschaftsführer oder Kulturschaffende mit Statements, Interviews oder Gastbeiträgen die öffentliche Debatte zu beeinflussen versuchen. Wer hier arbeitet, dem hilft Fundamentalopposition nicht weiter, für den ist eher ein funktionierendes, gut gepflegtes Netzwerk zu Akteuren und Insidern nützlich.

Das Verhältnis zwischen Journalisten und ihren Quellen ist eine Symbiose, bestimmt vom Tauschgeschäft «Information gegen Publizität»: Der Journalist bekommt Informationen und verschafft im Gegenzug seiner Quelle (oder deren Anliegen) Öffentlichkeit. Doch dieses Tauschgeschäft muss erst einmal zustande kommen – und Entscheider, die es sich aussuchen können, geben Hintergrundwissen, Exklusiv-Informationen oder Interviews am ehesten jenen Journalisten, mit denen sie auf einer Wellenlänge liegen und von denen sie keine ernsthafte Gefahr für die eigene Position befürchten müssen.

So stehen Journalisten der tonangebenden Medien, die ganz vorn mitspielenden Leistungssportler der Branche, in einem ständigen Spannungsfeld zwischen ihren Nutzern und ihren Quellen. Sie sollen Auge und Ohr des Publikums sein, dessen Fragen beantworten, die Mächtigen kritisieren und kontrollieren – gleichzeitig brauchen sie aber auch gute Kontakte in die höheren Kreise und das Wohlwollen hochrangiger Informanten. Die Interessen der Regierten zu vertreten und gleichzeitig nahe an die Regierenden heranzukommen, das ist ein klassischer Zielkonflikt. Beides kann nicht gleichzeitig maximiert werden. Soziologen sprechen vom Spagat zwischen horizontaler und vertikaler Integration: Eliten (also die einflussreichsten Vertreter von gesellschaftlichen Teilbereichen wie Politik, Wirtschaft, Kultur, Justiz oder Militär) müssten eine Balance wahren zwischen der Kooperation mit anderen Eliten und der Verwurzelung in ihrer Basis, in ihren «gesellschaftlichen Muttergruppen».[1] Ohne mit Eliten anderer Teilbereiche zusammenzuarbeiten, können sie schwerlich etwas erreichen, doch ohne stetigen Austausch mit der Basis kommt ihnen die Legitimation abhanden. Schließlich sind sie die «Ausgewählten» (der Begriff Elite kommt vom lateinischen «eligere» für auslesen) – eine kleine, privilegierte Minderheit in der Bevölkerung, die es in wie auch immer gearteten Ausleseprozessen nach oben geschafft hat und die von der Nicht-Elite «sehnsüchtig oder kritisch, aber doch immer mit gespannter Aufmerksamkeit beobachtet wird» (Heinz Bude).[2]

All das gilt auch für Elite-Journalisten. Wenn aber für Nutzer sichtbar wird, dass Journalisten in elitären Zirkeln verkehren und praktisch Teil jener Schicht sind, die als die herrschende wahrgenommen wird, kann das Vertrauen kosten – zumal, wenn sie direkt in Ereignisse involviert sind, über die sie berichten.

Die Gauck-Rede und Die Zeit

Die Münchner Sicherheitskonferenz 2014 eröffnete Bundespräsident Joachim Gauck mit der inzwischen fast schon legendären Rede «Deutschlands Rolle in der Welt: Anmerkungen zu Verantwortung, Normen und Bündnissen». Die Bundesrepublik werde zwar «nie rein militärische Lösungen unterstützen», dürfe aber zu Militäreinsätzen nicht «aus Prinzip ‹Nein›» sagen. Denn «das ‹Konzept der Schutzverantwortung› (...) überträgt der internationalen Gemeinschaft den Schutz der Bevölkerung vor Massenverbrechen, wenn der eigene Staat diese Verantwortung nicht übernimmt».[3] Auf der Konferenz stießen auch Verteidigungsministerin Ursula von der Leyen und Außenminister Frank-Walter Steinmeier in dasselbe Horn. Politische Eliten forderten hier konzertiert und wohlkalkuliert die öffentliche Meinung in Deutschland heraus, dessen Bevölkerung Militäreinsätze mehrheitlich ablehnt – laut einer repräsentativen Bevölkerungsumfrage vom Frühjahr 2014, durchgeführt von TNS Infratest im Auftrag der Körber-Stiftung, waren nur 37 Prozent der Ansicht, Deutschland sollte sich bei internationalen Krisen stärker engagieren, und nur 13 Prozent wollten mehr Militär-Einsätze der Bundeswehr.[4]

Eine «ziemliche Sensation» sei das gewesen, urteilte wenige Tage nach der Gauck-Rede die Wochenzeitung Die

Zeit und meinte anerkennend, Deutschland nehme endlich «Kurs auf die Welt», nachdem in der «außenpolitischen Community Berlins (...) die Unzufriedenheit mit der deutschen Lethargie schon seit Langem» gegärt habe. Die drei Redner seien jedenfalls «entschlossen, Deutschland eine aktivere Rolle in der Weltpolitik zuzuweisen (...). Sie haben keine Furcht mehr, wenn von Deutschland Führung verlangt wird. Eher fürchten sie den Vorwurf der Passivität und der Drückebergerei.»[5] Die beiden Autoren, Jochen Bittner und Matthias Naß, rekonstruierten auch die Vorgeschichte der drei Reden und wiesen dabei dem Projekt «Neue Macht – neue Verantwortung» eine Schlüsselrolle zu, das vom German Marshall Fund of the United States und der Stiftung Wissenschaft und Politik durchgeführt worden war: «Ein Jahr lang, von November 2012 bis Oktober 2013, trifft sich in Berlin eine Arbeitsgruppe, um über eine außenpolitische Strategie für Deutschland zu sprechen. Beamte aus dem Kanzleramt und dem Auswärtigen Amt diskutieren darin ebenso mit wie Vertreter von Denkfabriken, Völkerrechtsprofessoren, Journalisten sowie die führenden Außenpolitiker aller Bundestagsfraktionen.»

Nicht erwähnt wurde allerdings, dass einer der Autoren des Artikels, Jochen Bittner, auch Teilnehmer des Projektes war und damit auch am Abschlusspapier «Neue Macht – neue Verantwortung» beteiligt war, dessen Geist wenig später auch die Gauck-Rede spiegelte. Nach Protesten von Nutzern machte die Zeit das Engagement Bittners zwar online transparent – aber der Rollenkonflikt bleibt: Wenn ein Journalist zusammen mit politischen Eliten an einem Konsenspapier mitgearbeitet hat, in dem unter anderem die «Flexibilisierung» des Parlamentsvorbehalts für Bundeswehr-Auslandseinsätze gefordert wird oder auch ein militärisches Vorgehen gegen «Störer» wie den Iran oder Venezuela, falls sie die «kritische Infrastruktur der Globalisierung» bedrohen[6], sollte man dann noch über die Gauck-Rede schreiben oder Interviews mit Volker Rühe, Deutschlands oberstem Flexibilisierer des Parlamentsvorbehalts, führen?[7] Natürlich sei er involviert, antwortete Jochen Bittner auf eine kritische Nachfrage im sozialen Netzwerk Twitter, und zwar «in den Meinungsbildungsprozess in diesem Lande».[8] So mag das von innen betrachtet aussehen. Von außen sieht dieser Meinungsbildungsprozess jedoch eher wie eine geschickt inszenierte Lobbykampagne aus, um das Meinungsklima in der Bevölkerung zu drehen. Schließlich wurde das Projekt «Neue Macht – neue Verantwortung» direkt aus Washington bestellt, vom Chef des German Marshall Fund. Das war damals Thomas Kleine Brockhoff, der zuvor als Washington-Korrespondent der Zeit arbeitete und kurz danach Planungschef des Bundespräsidenten wurde; über seinen Schreibtisch ging auch die Rede von Gauck. Und besagter Kleine Brockhoff suchte zusammen mit der regierungsnahen Stiftung Wissenschaft und Politik die passenden Teilnehmer, «strategische Partner» (O-Ton der Berliner Bürochefin des German Marshall Fund[9]) aus – Akteure aus der Friedensbewegung oder militärkritische Publizisten waren jedenfalls nicht eingeladen. Der einzige Journalist neben Bittner kam von der konservativen FAZ und war lange Jahre Nato- und EU-Korrespondent in Brüssel, bevor er 2014 zum stellvertretenden Außenpolitik-Ressortleiter aufstieg: Nikolas Busse.

Treu auch in der Uranmunition-Krise

Nikolas Busse? Den Namen hat man schon auf anderen Listen in illustrer Gesellschaft gesehen. 2003, im Angesicht des heraufziehenden Irak-Krieges und angesichts des Zerwürfnisses zwischen der Schröder-Regierung und der Bush-Administration, unterzeichnete er mit vielen anderen Mitgliedern und Freunden des Vereins Atlantik-Brücke eine Zeitungsanzeige, in der es hieß: «Heute, da die Welt sich gegen Terrorismus und die Verbreitung von Massenvernichtungswaffen wehren muss, bekräftigen wir die Verbundenheit mit den Vereinigten Staaten.»[10] Zwei Jahre zuvor hatte er bereits seine Verbundenheit zu Bundesverteidigungsminister Rudolf Scharping gezeigt, als der wegen des Einsatzes von Uranmunition auf dem Balkan ins Kreuzfeuer der Kritik geriet. Die Öffentlichkeit debattierte im Januar 2001 erregt über den Einsatz der schwach radioaktiven Munition, die mit Leichtigkeit Panzerhüllen und Gebäude durchschlägt, dabei aber auch das Kriegsgebiet kontaminiert. Unter diesem Druck ließ Scharping einen Arbeitsstab zusammenstellen, der die Gefährdungslage untersuchen sollte. Der Stab, dem neben FAZ-Redakteur Busse eine Reihe Militärs und auch ein Vertreter der regierungsnahen Deutschen Gesellschaft für Auswärtige Politik angehörten, sichtete Literatur und interviewte Experten; im Juni 2001 gab er Entwarnung und entlastete mit seinem Bericht den Minister.[11] Ihre eigenen Soldaten in Afghanistan warnte die Bundeswehr später weiterhin in einem internen Handbuch vor der Gefahr durch Uranstaub,[12] doch der Leiter des Arbeitsstabs bekam ein Jahr später das Ehrenkreuz der Bundeswehr in Gold, das sonst nur Soldaten als Zeichen der besonderen Anerkennung treuer Pflichterfüllung verliehen wird.[13] Dieser Leiter war Theo Sommer, Editor-at-Large der Zeit und deren langjähriger Chefredakteur und Herausgeber.

Theo Sommer? Wer seine private Website besucht,[14] findet dort eine beeindruckende Liste von Tätigkeiten, die er während seiner Zeit als Chefredakteur ausgeübt hat. Er saß etwa im Beirat der Bertelsmann-Stiftung, des Militärgeschichtlichen Forschungsamts der Bundeswehr und des German Marshall Fund of the United States. Besonders eng in Kontakt war er mit Spitzenpolitikern, Konzernchefs, Bankern und Militärs durch seine Tätigkeit bei der Bilderberg-Konferenz. Dieses jährliche Treffen in wechselnden Fünf-Sterne-Hotels dient vor allem der Pflege der transatlantischen Beziehungen und der vertraulichen Diskussion aktueller weltpolitischer Probleme. In manchen Dingen will man zu einem Konsens kommen, bevor man sich in der Öffentlichkeit gegenseitig zerfleischt. Dieser Konsensfindung wohnen stets auch einige ausgewählte Alpha-Journalisten bei. «Ich darf zwar nicht berichten über die Tagung, habe aber als Journalist durchaus meinen Nutzen davon», erzählte Theo Sommer in einem Interview. «In diesen zwei, drei Tagen habe ich doch so viel gehört, was ich als Leitartikler in den nächsten sechs Monaten irgendwo unterbringen kann.» Und: «Das ist Networking auf sehr hohem Niveau.»[15] Theo Sommer war nicht nur regelmäßiger Teilnehmer der Bilderberg-Konferenzen, er saß von 1975 bis 1989 auch zusammen mit dem Deutsche-Bank-Vorstand Alfred Herrhausen im Lenkungsausschuss der Meetings und bestimmte die Themen sowie die Teilnehmer mit. So holte er zum Beispiel Helmut Kohl dazu, noch ehe der Kanzler wurde. Denn: «Man hat immer versucht, die kommenden Leute mit heranzuziehen. (...) Damit sie Kontakt mit ihresgleichen finden konnten.» Sein Sitz im Lenkungsausschuss (wo sich übrigens erstaunlich viele Chefs westlicher Industriekonzerne, Banken und Finanzgruppen finden[16]) vererbte sich dann innerhalb der Zeit-Redaktion, zuletzt an den Vize-Chefredakteur Matthias Naß, der ihn 2012 aufgab, als er die Chefredaktion verließ. «Man lernt sehr viel und schärft sein Urteil», erklärte Naß auf Nachfrage zu seiner Tätigkeit bei Bilderberg, «das ist wie ein Intensivkurs in internationaler Politik.»[17]

Die Bilderberg-Konferenz war 1954 gegründet worden als ein vertrauliches Forum für Eliten aus Westeuropa und Nordamerika, den beiden Weltregionen, die damals den unangefochtenen Kern des kapitalistischen Weltsystems darstellten. Mit dem wirtschaftlichen Aufstieg Japans schien es zu Beginn der 1970er Jahre dem US-Bankier David Rockefeller angebracht, den Kreis der Beratungen um Vertreter aus Ostasien zu erweitern. Als Ableger von Bilderberg wurde daher 1973 die Trilaterale Kommission gegründet, ebenfalls ein privater, elitärer Zirkel für Außenpolitik, ebenfalls mit Theo Sommer als Mitglied.

Aus staatsbürgerlicher Pflicht

Später, im neuen Jahrtausend, kam als prominenter Vertreter des deutschen Prestige-Journalismus der Außenpolitik-Ressortleiter der FAZ dazu, Klaus-Dieter Frankenberger, der seine Mitgliedschaft 2015 beendete. Gute Kontakte zu Eliten konnte und kann Frankenberger auch in anderen Funktionen pflegen: als Direktoriumsmitglied des Instituts für Europäische Politik, das die europäische Integration voranbringen will, als Beirat des Vereins Atlantische Initiative, der die Verständigung zwischen Deutschland und den USA fördert, und als Beirat der Bundesakademie für Sicherheitspolitik. Dieser Think Tank des Bundesverteidigungsministeriums «vermittelt das Konzept der umfassenden Sicherheit an ausgewählte Führungskräfte (...) und bündelt die sicherheitspolitische Expertise Deutschlands».[18] Er untersteht dem Bundessicherheitsrat, der aus der Bundeskanzlerin und den wichtigsten Bundesministern besteht, und laut Satzung der Akademie soll der Beirat diesen Bundessicherheitsrat beraten – rein formal hat Frankenberger also den Auftrag übernommen, die Bundesregierung zu beraten, die er ja eigentlich auch kritisieren und kontrollieren soll. Mit der journalistischen Berufsrolle scheint diese Nebentätigkeit nur schwer vereinbar.

Und er ist nicht allein. Auch Peter Frey, heute ZDF-Chefredakteur, saß während seiner Zeit als Leiter des ZDF-Hauptstadtstudios in diesem Beirat, ebenso wie Stefan Kornelius, der das Ressort Außenpolitik bei der Süddeutschen Zeitung leitet. Im NDR-Medienmagazin Zapp erklärte Kornelius: «Klar, man kann sagen: Das ist eine zu starke Verquickung mit dem Staat. Ich mache das mehr aus einer staatsbürgerlichen Pflicht heraus.» Dazu stehe er – zumal sich der Beirat nur einmal im Jahr für zwei Stunden treffe und keine Mitglieder der Bundesregierung unmittelbar berate.[19] Für die deutsche Sicherheitspolitik hatte sich Kornelius vor einigen Jahren in noch höherer Funktion engagiert, nämlich im Präsidium der Deutschen Atlantischen Gesellschaft.[20] Dieser gemeinnützige Verein hat es sich zur Aufgabe gemacht, «das Verständnis für die Ziele des Atlantischen Bündnisses zu vertiefen und über die Politik der Nato zu informieren»,[21] man könnte auch sagen: Lobbyarbeit für das stärkste Militärbündnis der Welt zu machen. Aktuell, so gab Kornelius 2014 zu Protokoll, sei er Mitglied in zwei Organisationen: im relativ jungen Deutsch-Russischen Forum und in der traditionsreicheren Atlantik-Brücke. Dieser 500 Mitglieder starke elitäre Verein zielt nach eigener Aussage auf «deutsche und amerikanische Entscheidungsträger aus Wirtschaft, Politik, den Streitkräften, der Wissenschaft, den Medien und der Kultur, die bei der Atlantik-Brücke einen Rahmen für vertrauliche Gespräche finden, aber auch Nachwuchsführungskräfte, die auf den ‹Young Leaders›-Konferenzen Netzwerke schmieden und den transatlantischen Dialog in der kommenden Generation lebendig halten».[22] Kornelius sagt dazu: «Diese Mitgliedschaft wird von der Zeitung auch bezahlt, das heißt, es ist Teil meines Geschäfts. (...) Ich würde da keine Führungsfunktionen übernehmen.»

Das sieht einer der mächtigsten deutschen Journalisten anders: Kai Diekmann,[23] Gesamtherausgeber der Bild-Gruppe und von 2001 bis 2015 Chefredakteur der Bild-Zeitung. Er arbeitet seit vielen Jahren im Vorstand der Atlantik-Brücke an der deutsch-amerikanischen Freundschaft, Seit' an Seit' mit Parlamentariern, Bankern und Industrievertretern. Er bewarb in der Bild-Zeitung auch schon mal Manifeste seines Vereins, ohne seine Mitwirkung daran zu erwähnen, so geschehen bei der «Erklärung von Mumbai» im Februar 2009.[24] Dass Diekmann mit diesem Engagement in Konflikt mit seinem Arbeitgeber kommen könnte, ist eher unwahrscheinlich, denn der Axel-Springer-Verlag verpflichtet in seinen Unternehmensgrundsätzen ohnehin jeden Mitarbeiter auf «die Unterstützung des transatlantischen Bündnisses und die Solidarität in der freiheitlichen Wertegemeinschaft mit den Vereinigten Staaten von Amerika».[25] Dass dies auch umgesetzt wird, kann man etwa daran ablesen, dass das Aspen Institute Germany den Vorstandsvorsitzenden von Springer, Mathias Döpfner, im Oktober 2014 mit dem «Shepard Stone Award for Outstanding Transatlantic Leadership» ausgezeichnet hat – wobei ein ehemaliger US-Botschafter ihn in der Laudatio als «persönlichen Helden» bezeichnete.[26] Noch kurz zuvor war Döpfner selbst im deutschen Ableger der US-Denkfabrik engagiert, er saß dort im Kuratorium – genauso wie Claus Kleber, Moderator des heute-journal im ZDF (den man auch zusammen mit etlichen Wirtschaftsgrößen im Kuratorium der Stiftung Atlantik-Brücke findet), und Josef Joffe.

Josef Joffe? Der Mitherausgeber der Zeit gehört zu den Spitzenreitern, was Verbindungen zu elitären Vereinigungen angeht. In einer Netzwerkanalyse des Autors[27] wurde bei Joffe eine Nähe zu 19 Organisationen festgestellt, in denen auch politische oder wirtschaftliche Entscheider verkehrten: darunter die Trilaterale Kommission, die Atlantik-Brücke, das American Institute for Contemporary German Studies, der American Council on Germany und die American Academy in Berlin. Seit vielen Jahren wird er auch jedes Jahr zur Münchner Sicherheitskonferenz eingeladen und ist dort neben all den Ministern, Parlamentariern, Diplomaten, Militärs und Wirtschaftsvertretern gleichberechtigter Teilnehmer mit Rederecht im Plenum und mit Zugang zu den Empfängen am Rande – ein Privileg, das er übrigens mit anderen, teilweise bereits genannten Alpha-Journalisten von Süddeutscher Zeitung, FAZ, Welt, Stern, ZDF oder Bayerischem Rundfunk teilt.

Alle gekauft und manipuliert?

Alle gekauft und manipuliert? Alle nicht mehr unabhängig, nicht mehr glaubwürdig? Da man in Köpfe nicht hineinschauen kann, ist es schwierig zu beurteilen, ob jemand eine Meinung durch eigenständiges Räsonnement gebildet oder sie sich hat einflüstern lassen. Als eine Kabarettnummer in der ZDF-Satiresendung «Die Anstalt» vom April 2014 diese transatlantischen Netzwerke einem breiten Publikum bekannt machte und die Vertrauenskrise der Medien damit erheblich befeuerte, reagierten die angegriffenen Journalisten empfindlich – zwei Zeit-Redakteure klagten sogar gegen das ZDF. Josef Joffe war empört und schrieb an den ZDF-Chefredakteur einen geharnischten Brief: «Ich glaube, für alle ‹Ko-Konspiratoren› zu sprechen, wenn ich mit dem gebotenen Hohn zurückweise, wir dächten und schrieben alle irgendwie gleich.»[28]

Doch die Meinungen ähneln sich tatsächlich. So hat der Autor dieses Buches die Kommentare von vier im transatlantischen Elitenmilieu vernetzten Journalisten untersucht – die von Stefan Kornelius (Süddeutsche Zeitung), Klaus-Dieter Frankenberger (FAZ), Josef Joffe (Zeit) und Michael Stürmer (Chefkorrespondent der Welt) aus den Jahren 2002 bis 2010 – und frappierende Parallelen festgestellt. Alle vier verwendeten und bewarben den «erweiterten Sicherheitsbegriff», der sich deutlich vom klassischen Sicherheitsbegriff aus der Zeit des Kalten Krieges unterscheidet – damals sollten nur Angriffe auf das eigene Territorium abgewehrt werden, heute sollen auch unser Wohlstand, unsere Versorgung mit Rohstoffen und Energie und unsere kommunikationstechnische Infrastruktur geschützt werden, und zwar vor weltweiten Bedrohungen. «Die Finanzkrise und die Energiedebatte haben gezeigt, dass Sicherheit eigentlich ein breiter Begriff ist», schrieb etwa Kornelius in der Süddeutschen[29], und Frankenberger erklärte in der FAZ: «Und nach den neuen verteidigungspolitischen Richtlinien wird die Sicherheit Deutschlands auch am Hindukusch verteidigt, der traditionelle geographische Sicherheitsbegriff also globalisiert und ausgeweitet. Dass die traditionellen Beschränkungen aufgegeben wurden, ist richtig; sie waren obsolet geworden, weil die Umstände sich fundamental geändert haben.» Josef Joffe erläuterte in der Zeit: «War of choice lautet der englische Begriff, wenn ein Staat seine Soldaten einsetzt, ohne dass eine unmittelbare Gefahr droht. Das tut er dann im Namen eines ‹erweiterten Sicherheitsbegriffes›, der einst Raub und Expansion begünstigte, aber heute, zumal im deutschen Kontext, nicht als zynische Maskerade verhöhnt werden sollte.» «Sicherheit reicht mittlerweile geographisch bis zum Hindukusch und wirtschaftlich bis zu den Ursachen des Terrorismus», erfuhren auch die Welt-Leser durch Michael Stürmer.

Alle vier Journalisten erwähnten einen Katalog von Bedrohungen, wie er ähnlich in den offiziellen Dokumenten von Bundesregierung, EU, Nato und USA vorkommt. Kornelius: «Die letzten Jahre haben das Bedrohungsspektrum dramatisch erweitert, mit dem dschihadistischen Terrorismus und all seinen Spielarten an der Spitze der Liste, gefolgt von anderen religiös motivierten Bedrohungen, aber auch von den Ängsten, die der Klimawandel, die Energieversorgung oder selbst Flüchtlingsströme auslösen.» Frankenberger: «Diese Gefahren und Herausforderungen reichen vom Terrorismus über die Verbreitung von Massenvernichtungswaffen über Energie und Klimawandel bis zu Cyberangriffen, wirtschaftlicher Instabilität und Pandemien. Tatsächlich ist diese Liste noch länger.» Joffe: «Von den ‹globalen Herausforderungen› gibt es, weiß Gott, genug: vom Klima bis zur Armut, vom Terrorismus bis zur Atomrüstung jener, die sich nicht durch besondere Verantwortung auszeichnen.» Stürmer: «Vergebens sucht man das globale Konzept, das auch Interessen Russlands einbeziehen müsste und die gemeinsame Bedrohung durch Terror und Massenvernichtungswaffen, Cyberwar und organisiertes Verbrechen, Klimawandel und Völkerwanderungen.»

Einig sind sich alle vier auch, dass Deutschland das Bündnis mit den USA pflegen muss, um den Bedrohungen angemessen begegnen zu können. Kornelius: «Wer nach der Alternative zur Nato Ausschau hält, der wird schnell enttäuscht werden: Es gibt keine bessere.» Frankenberger: «Als atlantische Gemeinschaft lassen sich die Turbulenzen der neuen multipolaren Welt allemal besser aushalten. Nur in dieser Kombination können die vielfältigen Herausforderungen gemeistert werden.» Joffe: «Nato ist wie Rentensystem und Kanalisation: nicht gerade unterhaltsam, aber sehr wichtig; wie sehr, würden wir erst merken, wenn sie aus unserem Leben verschwänden. (...) Tante Nato ist nicht sexy, aber nützlich.» Stürmer: «Deutschlands Sicherheit bleibt eine Ableitung aus der europäischen Architektur, diese eine Ableitung aus der amerikanischen ‹Grand Strategy›. In den Verteidigungsministerien und den großen Stäben weiß man genau, dass ohne amerikanische Informationstechnologie, Transportkapazitäten und Machtprojektion die Europäer, wenn es ernst wird, verloren sind.»

6. EMBEDDED IN ELITEN-NETZWERKEN

Angesichts der Tatsache, dass die Deutschen mehrheitlich skeptisch gegenüber Nato-Militäreinsätzen, insbesondere dem in Afghanistan, eingestellt sind, forderten alle vier die deutsche Politik zu verstärkter Überzeugungsarbeit und mehr Führung auf. Kornelius: «Dringend notwendig wäre es, dass die Politik die öffentliche Debatte suchte. Die Deutschen verstehen nicht, warum ihre Bundeswehr in Afghanistan im Einsatz ist. Ein erschreckend hoher Anteil der politikmündigen Bürger glaubt, dass hier ein Vasallen-Krieg der USA geführt werden müsse. (...) Deutschland ist Konsensland, der Bundestag entscheidet über den Einsatz der Soldaten. Aber niemand zwingt die politische Führung, in einer zentralen außenpolitischen Frage genau dies zu zeigen: zu wenig Führung.» Frankenberger: «Den Meinungskampf an der Heimatfront darf die Politik nicht scheuen, wenn sie von dem überzeugt ist, was sie vorgibt. (...) Der Kampf um die ‹hearts and minds› muss auch bei uns geführt werden.» Joffe: «Alle Politik muss den Wählerwillen respektieren. Aber das Grundgesetz verbietet es den Regierenden nicht, für das außenpolitisch Gebotene zu werben.» Und Stürmer: «Wer Soldaten in Todesgefahr schickt, muss die militärischen Mittel den politischen Zielen zuordnen. Führen heißt auch erklären, begründen und, nicht zuletzt, begrenzen. Die Kanzlerin ist gefordert.»

Das Bild, das die vier von Konflikten und Bedrohungen zeichneten, war ebenso eindimensional wie das in den amtlichen Dokumenten und Doktrinen: Der eigene Beitrag des Westens zu Krisen und Konflikten wurde nicht reflektiert; Bedrohungen wurden plastisch ausgemalt, ihre sozialen und politischen Ursachen aber kaum analysiert. Offensichtlich bewegten sich die Journalisten weitgehend innerhalb der Grenzen des außen- und sicherheitspolitischen Elitendiskurses, der von westlichen Regierungen, transatlantischen Denkfabriken und elitären Netzwerken geführt und mitgestaltet wird; eine Meinungsspanne, die alternative Denkansätze etwa aus der Friedensforschung und der zivilen Konfliktbearbeitung nicht umschließt. Wenn die Journalisten die Bundesregierung kritisierten, dann aus der Perspektive von USA und Nato, aber nicht aus der einer militärskeptischen Bevölkerung.

«Ein merkwürdiger amerikanischer Akzent»

Selbst in Joffes eigener Redaktion argwöhnt man, dass die Einbindung in transatlantische Denkfabriken Wirkungen auf die Köpfe gezeitigt hat. Bernd Ulrich, stellvertretender Chefredakteur und Politik-Ressortleiter der Zeit, schrieb in einer jüngst veröffentlichten Streitschrift, dass dort zwar nicht «amerikanische Agenten Parolen ausgeben, die von deutschen Journalisten hernach unverzüglich und unverfälscht in die Zeitungen gebracht werden. Es wird dort sogar kontrovers diskutiert. Allerdings entsteht dabei eine eng umgrenzte Zone des Denkbaren und des Abwegigen, es werden Logiken und Sichtweisen geteilt, über die man sich so einig ist, dass sie gar nicht als Sichtweisen erscheinen, sondern als schiere Selbstverständlichkeit.» Durch diese Einbettung der Journalisten, schreibt Ulrich, habe «die außenpolitische Debatte hierzulande zuweilen einen merkwürdigen amerikanischen Akzent».[30]

Festzuhalten bleibt: Diese amerikanische Perspektive ist legitim, sie ist eine von vielen möglichen Sichtweisen auf die Welt. Vielleicht sind die Verbindungen der Journa-

6. EMBEDDED IN ELITEN-NETZWERKEN 101

listen zu den Denkfabriken, Eliten-Konferenzen, Vereinen und Lobbyorganisationen auch deshalb erst entstanden, weil schon vorher eine geistige Nähe und gemeinsame Wertvorstellungen vorhanden waren – Gleich und Gleich gesellt sich eben gern, oder, wie Soziologen dieses «Homophilie-Phänomen» beschreiben: Kontakt zwischen einander ähnlichen Personen kommt häufiger vor als zwischen einander unähnlichen. SZ-Ressortleiter Kornelius und ZDF-Anchorman Claus Kleber waren jahrelang Washington-Korrespondenten, Zeit-Mitherausgeber Joffe hat in Amerika studiert, promoviert und gelehrt. FAZ-Außenpolitikchef Frankenberger hat in jungen Jahren Amerikanistik studiert und bei einem Abgeordneten im US-Repräsentantenhaus gearbeitet; er «war schon immer ein überzeugter Atlantiker, (…) nicht erst seit oder gar weil er Mitglied der Trilateralen Kommission ist», wie es FAZ-Herausgeber Günther Nonnenmacher in einem Interview ausdrückte.[31] Nonnenmacher selbst übrigens hat lange im Gesamtpräsidium der Deutschen Gesellschaft für Auswärtige Politik gesessen, also auch eine aktive Funktion in diesem außenpolitischen Think Tank ausgeübt, und sagt dazu: «Ich habe meine Mitgliedschaft dort als Vertreter der FAZ immer auch als staatsbürgerliche Aufgabe empfunden zur Aufklärung der Öffentlichkeit. Viele wichtige Informationen für eine umfassende Beurteilung erhalten Sie eben nur von den unmittelbaren Akteuren, die man in Organisationen wie der DGAP trifft.»[32]

Die Identifikationsflächen fehlen

So ist denn das eigentliche Problem dieser Netzwerke im transatlantischen Elitenmilieu gar nicht einmal die mögliche Korrumpierung und geistige Vereinnahmung von Journalisten – auch wenn dieser Eindruck im Publikum freilich entstehen und Vertrauen vernichten kann. Tatsächlich ist es ein anderes. Wenn an den entscheidenden Stellen in deutschen Redaktionen Transatlantiker sitzen, aber große Teile des Publikums Amerika- und Nato-kritisch eingestellt sind, dann fehlen im Mainstream möglicherweise die publizistischen Vertreter, die auf hohem Niveau alternative Perspektiven artikulieren und Identifikationsfläche bieten können.

Man bedenke, dass in Bezug auf den Afghanistan-Einsatz laut Infratest-dimap-Umfragen für das ARD-Hauptstadtstudio allein im Zeitraum September 2009 bis April 2010 zwischen 57 und 71 Prozent der Deutschen einen möglichst schnellen Rückzug der Bundeswehr befürworteten[33] – konträr zum Diskurs von Verantwortung und Bündnistreue, der in Politik und Medien geführt wurde. Man bedenke, dass laut einer Umfrage von TNS Infratest im Auftrag der Körber-Stiftung das wichtigste Ziel deutscher Außenpolitik für 51 Prozent aller Deutschen «der Frieden in der Welt» ist und nur für 23 Prozent «die Sicherheit Deutschlands» – konträr zum offiziellen Sicherheitsdiskurs, in dem die Friedensnorm des Grundgesetzes schon lange keine Rolle mehr spielt. Auf die Frage, mit welchen Ländern Deutschland künftig mehr zusammenarbeiten sollte, landeten die USA nur auf Platz 5, hinter Frankreich, Polen, Großbritannien und sogar China – und nur knapp vor Südafrika und Russland.³⁴ Man bedenke auch, dass während der Krimkrise 2014 nur 45 Prozent der Deutschen ihr Land «fest im westlichen Bündnis» verankert sehen wollten, dagegen 49 Prozent eine «mittlere Position zwischen Westen und Russland» wünschten, laut einer Umfrage von Infratest dimap für die ARD-Tagesthemen und die Welt – konträr zu dem Anti-Putin-Gleichklang in Politik und Medien, der in der Ukraine-Frage zu vernehmen war.³⁵

Man bedenke, dass sich laut einer Umfrage des German Marshall Fund vom Juni 2014 ganze 57 Prozent der Deutschen wünschten, dass ihr Land künftig unabhängiger von den USA agiert.³⁶ Und falls es zu einem militärischen Konflikt zwischen Russland und einem seiner Nachbarstaaten käme, der ein Mitglied der Nato ist (sprich: mit einer ehemaligen Sowjetrepublik), dann würden laut einer Umfrage des US-Forschungsinstituts Pew von 2015 nur 38 Prozent aller Deutschen dieses alliierte Land militärisch verteidigen wollen. Das war der geringste Wert in acht befragten Nato-Staaten.³⁷ Der Kern der Vertrauenskrise – zumindest in diesen Fragen der Außen- und Sicherheitspolitik – ist die Kluft zwischen öffentlicher und veröffentlichter Meinung. Das Problem, das die Nutzer mit ihren Journalisten haben, ist vor allem ein Repräsentationsproblem.

7.
DIE VERANTWORTUNGSVERSCHWÖRUNG

«Niveau sieht nur von unten aus wie Arroganz», soll der Schauspieler Klaus Kinski in seiner unnachahmlich niveauvollen Art einmal gesagt haben. In Abwandlung könnte man die Perspektive vieler Journalisten in der Vertrauenskrise so formulieren: Was von unten aussieht wie eine Verschwörung, ist eigentlich übernommene Verantwortung – für die Folgen unserer Veröffentlichungen.

Viel von dem Gleichklang zwischen Politik und Medien, den manche Nutzer als Verschwörung deuten, kommt ohne jegliche Direktive oder Dienstanweisung, ohne Fremdsteuerung und Gängelband zustande. Nachdem die subtilen Mechanismen der Personalauswahl dazu geführt haben, dass sich in den Redaktionen Menschen mit ähnlichen Mentalitäten, Werten und Einstellungen zusammengefunden haben, und nachdem die Journalisten ohnehin das Berichten über Elitenhandeln als ihre primäre Aufgabe ansehen, kommt die Frage der Verantwortung hinzu. Wer als leitender Redakteur eines großen Mediums spürbaren Einfluss auf die öffentliche Meinung hat, der sortiert bei seiner täglichen Selektionsarbeit nicht nur zwischen wahren und falschen Informationen sowie zwischen wichtigen und nebensächlichen, sondern oft auch (bewusst oder unbewusst) zwischen nützlichen und schädlichen. Man kann viele Aufreger-Themen der Medienkritik – sowohl die Themen der Linken als auch die der Rechten, vom Ukraine-Konflikt über Griechenland bis zur Flüchtlingskrise – auf diesen einen Nenner bringen: Die Fragen «Wem nützt es?» und «Wem schadet es?» waren es wahrscheinlich, die zu einer bestimmten Schlagseite in der Berichterstattung führten. Journalisten wollen – wie alle Menschen – etwas Wertvolles und Zerbrechliches beschützen (die Maidan-Aktivisten und die junge Demokratie in der Ukraine, Europa und den Euro, Flüchtlinge und Migranten) und dem jeweiligen Gegner (Russland, Syriza, Ausländerfeinden) nicht in die Hände spielen. Was schutzbedürftig ist und was die Bedrohung darstellt, oder auch: wer die Guten und wer die Bösen sind, wird vielen Medienmachern schon aufgrund ihrer Sozialisation klar sein – anderen hilft der informelle Austausch mit politischen Eliten auf die Sprünge.

Nur für den Hinterkopf

Wohl jeder kennt sie aus dem Fernsehen oder dem Internet: die Bundespressekonferenz in Berlin. Regierungssprecher Steffen Seibert sitzt vor der blauen Wand, erklärt das neue Rettungspaket für Griechenland und das damit verknüpfte «anspruchsvolle Reformprogramm». Oder er lächelt gequält, wenn Youtube-Star Tilo Jung auf dem Höhepunkt von Flüchtlingskrise und Willkommenskultur eine seiner gefürchteten naiven Fragen stellt: «Wenn alle politisch verfolgten Flüchtlinge Asyl bekommen, warum dann nicht auch Edward Snowden?»[1] Dann ist «Regierungspressekonferenz», wie jeden Montag, Mittwoch und Freitag. Dann stellen sich die Pressesprecher der Bundesregierung den Fragen der Hauptstadtjournalisten; manchmal ist auch die Kanzlerin da, oder es kommen Minister, Fraktionschefs und Parteivorsitzende. Der TV-Sender Phoenix überträgt live, auch die Kameras anderer Sender laufen mit. Eine Veranstaltung für die Öffentlichkeit.

Was nur wenige wissen: Die Bundespressekonferenz wird nicht von der Regierung veranstaltet, sondern von den Journalisten, die im gleichnamigen Verein organisiert sind. Sie haben im Saal das Haus- und das Fragerecht. Eine Konstruktion, um die die deutschen Journalisten von Kollegen in vielen Ländern beneidet werden, wo Regierungen nur dann Pressekonferenzen abhalten, wenn sie selbst das für angebracht halten. Was noch weniger bekannt ist: Von einem Moment auf den anderen können die öffentlichen Pressekonferenzen zu Orten der Vertraulichkeit und Verschwiegenheit werden. Sagt auch nur ein Regierungsvertreter, dass er das Folgende «unter zwei» oder «unter drei» sagt, müssen alle Bild- und Tonmitschnitte gestoppt werden. Dann wird die Vorderbühne der politischen Kommunikation zur Hinterbühne, zu einem «Hintergrundkreis». Dann gilt für die Anwälte der Öffentlichkeit: Wer plaudert, der fliegt aus dem Verein.

Im politischen Berlin gehört es zum Common Sense, dass ein Journalist das, was ihm eine Quelle «unter eins» erzählt, beliebig verwenden darf. Sagt sie etwas «unter zwei», darf die Information verwendet, aber die Quelle nicht genannt werden – die wird dann eingenebelt und in die «gut informierten Kreise» verwandelt, die man aus der Zeitung kennt. Was «unter drei» mitgeteilt wird, ist absolut vertraulich, off the record, nur für den Hinterkopf. Niemand weiß mehr genau, wie dieser Code entstanden ist, aber man findet ihn schriftlich in Paragraf 16 der Satzung des Vereins Bundespressekonferenz,[2] und nach ihm funktionieren alle Begegnungen zwischen den Profis aus Politik und Journalismus.

Er gilt auch in den vielen Hintergrundkreisen, in denen nie eine Kamera mitläuft, die grundsätzlich «unter zwei» oder «unter drei» ablaufen. Wie viele es davon gibt, weiß auch keiner genau. Vor einigen Jahren wurden bei Recherchen von Medienjournalisten und Medienforschern 26 verschiedene Kreise zusammengetragen, die von Journalisten organisiert wurden.[3] Doch immer wieder werden neue gegründet und alte verschwinden, und während einige altehrwürdig und in Vereinsform institutionalisiert sind, bestehen viele nur informell.

Der älteste von ihnen ist der Berliner Presseclub, gegründet 1952 und mit über 100 Mitgliedern wohl auch der größte. Im Bankettsaal des Hotels Albrechtshof finden seine Hintergrundgespräche mit Spitzenpolitikern statt, einmal im Jahr kommt die Kanzlerin. Etabliert ist auch die «Gelbe Karte», ein 30 Journalisten großer Kreis, der 1971 von jungen Sozialliberalen gegründet wurde – als Gegenstück zum älteren, rechtskonservativen «Ruderclub». Heute sind die Kreise, ebenso wie die Parteienlandschaft, politisch sehr viel weniger polarisiert; so nimmt die rot-grün geneigte «Gelbe Karte» heute, was früher undenkbar war, auch Journalisten aus dem Hause Springer auf.[4]

Im «Provinzkreis» sind die Korrespondenten der Regionalzeitungen zusammengeschlossen, unter Führung von Dieter Wonka (u. a. Leipziger Volkszeitung). Und die «Mainau-Runde», die mal «Rosa Tuch» hieß, ist nur für Frauen gegründet worden; sie ist benannt nach der Blumeninsel im Bodensee, denn man trifft sich im ersten Obergeschoss der Landesvertretung Baden-Württemberg. Der intimste Zirkel ist wohl der «Wohnzimmerkreis»: Er besteht aus zehn Journalisten, die ihre Treffen mit einem jeweils wechselnden Spitzenpolitiker reihum in ihren Wohnungen abhalten, wobei der jeweilige Gastgeber kocht. Er wurde 1997 von FAZ-Hauptstadtkorrespondent Günter Bannas gegründet, die anderen Mitglieder kommen von Süddeutscher Zeitung, Spiegel, Focus, Zeit, Berliner Zeitung, Cicero, ZDF, WDR und Deutschlandradio.

Neben diesen Zirkeln, die von Journalisten selbst organisiert werden, laden auch Politiker ausgewählte Medienvertreter zu Hintergrundgesprächen. Frank-Walter Steinmeier und Volker Kauder tun es, die Grünen auch. Zum «Weiß-blauen Stammtisch» lädt der jeweilige Vorsitzende der CSU-Landesgruppe in jeder Sitzungswoche des Bundestages, dazu gibt es Weißwurst und auf Bestellung auch Weizenbier. Gelegentlich ruft die Kanzlerin «zur kleinen Hintergrundrunde der Büroleiter an den Kabinettstisch im Kanzleramt», erzählt Cicero-Chefredakteur Christoph Schwennicke, der lange Jahre Hauptstadtkorrespondent von Süddeutscher Zeitung und Spiegel war und auch Mitglied im «Wohnzimmerkreis» ist.[5] Neben der «kleinen Büroleiterrunde» veranstaltet Angela Merkel offenbar auch eine «große», wie Medienjournalistin Ulrike Simon schreibt; ihr Kollege Sebastian Feuß wusste nach Recherchen in der Szene zudem von einer «Chefredakteursrunde» bei der Kanzlerin zu berichten, aber: «Über Inhalte oder Namen wollen Teilnehmer nichts veröffentlicht sehen. Und das Bundespresseamt möchte die Existenz dieser Runden offiziell nicht bestätigen.»[6] Verbürgt ist lediglich ein solches Treffen im Kanzleramt am 8. Oktober 2008, kurz nach der Insolvenz von Lehman Brothers: Merkel bat da die Chefredakteure der wichtigsten deutschen Medien, zurückhaltend über die ausgebrochene Finanzkrise zu berichten und keine Panik auszulösen.[7] Und am 30. September 2015, als nach der Aussetzung des Dubliner Übereinkommens täglich 8000 bis 10 000 Flüchtlinge die deutsche Grenze überquerten, traf sich Merkel mit den Intendantinnen und Intendanten aller öffentlich-rechtlichen Rundfunkanstalten im Kanzleramt. Man sprach vor allem über die Flüchtlingskrise. Laut Auskunft des Bundespresseamtes handelte es sich dabei um einen «informellen Meinungsaustausch, der seit dem Frühjahr 2015 vereinbart war».

Vor allem auf Neuankömmlinge im politischen Berlin wirken all diese geheimnisvollen Kreise als Faszinosum, und hineinzukommen ist nicht einfach. Generell gilt, dass ein Korrespondent nicht um Einlass bittet, sondern gefragt oder empfohlen werden muss. So kooptiert die bestehende Elite ihre Nachfolger. «Die Zugehörigkeit zu einem Kreis funktioniert als Statussymbol. Hintergrundkreise haben auch den Zweck, für das Berliner Milieu sichtbare Hierarchien zu strukturieren. Welcher Journalist wie wichtig ist, erkennt man daran, in welchen Kreisen er ist und welchen Zugang zu Politikern er hat», sagt Kommunikationswissenschaftler Jochen Hoffmann, der zum informellen Zusammenspiel zwischen Journalisten und Politikern in Berlin geforscht hat.[8] Um in Politiker-Kreise eingeladen zu werden, sagt Dieter Wonka von der Leipziger Volkszeitung, sei «ein persönliches, politisches Bekenntnis eines Reporters oder seiner Chefredaktion» von großer Bedeutung. Ausgegrenzt würden gelegentlich Journalisten, «die mit kritischen Fragen den Politikern auf den Geist gehen».[9]

Jürgen Leinemann:
«Unterdrückung von Wirklichkeit»

Wer auf der Suche nach Erklärungen ist, wie das «Indexing»-Phänomen zustande kommt, warum also die Medienvertreter so abhängig vom Diskurs der politischen Eliten sind, hat hier wohl einen Teil der Antwort gefunden: die menschliche Nähe am Korrespondentenstandort, die Suche nach Zugang zu hochrangigen Quellen, gepaart mit der Konkurrenzsituation: Wer es sich mit allen verdirbt, etwa indem er auf unbequemen Wahrheiten beharrt, die alle anderen ignorieren, wer Konsens herausfordert und anerkannte Glaubenssätze hinterfragt, der kann von informellen Informationsflüssen abgeschnitten werden, der ist politisch tot. Mit den Worten des Medienjournalisten Feuß: «Berlin-Mitte ist klein, der Kreis der Spitzenpolitiker und Alpha-Journalisten ist es auch. Wer immer wieder von denselben Leuten dieselben Deutungen von Politik erhält und diese mit immer denselben Kollegen durchdiskutiert, der wirkt an der Produktion eines Mainstreams mit, der nicht selten nur im Raumschiff Berlin Bedeutung hat.»[10]

Schon der Spiegel-Reporter Jürgen Leinemann, der ein viel beachtetes Buch namens «Höhenrausch» über den Realitätsverlust von Politikern und Journalisten schrieb, urteilte über seine Zeit als Hauptstadt-Büroleiter: «Je länger und enger ich in Bonn das politische Geschehen und dessen journalistische Verarbeitung miterlebte, desto unbehaglicher fühlte ich mich als Teil einer professionell betriebenen Verschwörung zur Unterdrückung von Wirklichkeit.» Sowohl Politiker als auch Journalisten achteten «sorgsam darauf, dass möglichst niemand aus der selbstgeschaffenen Vakuumwelt ausbricht. (...) ‹So darf man das nicht sehen› oder ‹Das ist die falsche Fragestellung› oder ‹Wo leben Sie denn?› heißen die Formeln, mit denen Abweichler zur Ordnung gerufen werden.»[11]

Es dürfte nicht selten vorkommen, dass Journalisten sich im Zuge ihrer beruflichen Sozialisation zunehmend selbst zensieren, um solche negativen Reaktionen aus ihrem unmittelbaren Umfeld zu vermeiden: dass sie aufhören, sich für bestimmte Dinge zu interessieren, hart nachzufragen, gedanklich aus dem vorgegebenen Rahmen auszubrechen.

Der langjährige Tagesthemen-Moderator Ulrich Wickert hat diesen meist unbewusst ablaufenden, schleichenden Anpassungsprozess selbstkritisch in einem Sammelband namens «Die Schere im Kopf» aus dem Jahr 1976 reflektiert. Er beschreibt dort, wie er als junger Redakteur des Politmagazins Monitor in einem Live-Interview den SPD-Fraktionschef Herbert Wehner mit hartnäckigem Nachfragen in die Bredouille brachte. Sein insistierender Fragestil brachte ihm öffentliche und WDR-interne Kritik ein – und die färbte auf sein darauffolgendes Interview mit dem Bundesjustizminister Hans-Jochen Vogel ab: «Eingedenk der Reaktion auf das Wehnerinterview unterließ ich (...) jede kritische Frage, hielt mich zurück und beließ es beim braven Abfragen.» Wickert bemerkte noch etwas anderes an sich, als er 1976 noch einmal das Manuskript eines Hörfunkfeatures zur Hand nahm, das er 1970 geschrieben hatte. Der Titel lautete: «Die bundesdeutsche Propagandamaschine», es ging um die Öffentlichkeitsarbeit der Bundesregierung. «Bei der Lektüre stellte ich mit Erschrecken fest, dass ich heute das Thema wahrscheinlich milder und unkritischer beschrieben hätte. Innerhalb von sechs Jahren also hatten kleine Vorkommnisse – etwa wie bei dem

Wehner-Interview – meine Unbefangenheit beseitigt.»[12] Obwohl Wickert als festangestellter Redakteur einer öffentlich-rechtlichen Anstalt praktisch unkündbar war und keine Existenzangst haben musste, hatte er offenbar aus Furcht vor sozialer Isolation bestimmte Anpassungsleistungen erbracht.

An subtilem Konformitätsdruck, der auf Anpassung an den Diskursrahmen des politischen Establishments zielt, dürfte es auch heute nicht mangeln. Und die Anpassung der Journalisten geschieht wohl mitunter auch freiwillig. Der langjährige Spiegel-Hauptstadtkorrespondent Hartmut Palmer schien jedenfalls dankbar, dass er in seinem Hintergrundkreis die amtlichen Deutungen des Geschehens direkt vom Regierungssprecher bekam. Jeden Donnerstag sei der damalige Vize-Regierungssprecher Thomas Steg zu Gast in der «Gelben Karte», erzählte er 2008, und: «Wenn uns Thomas Steg etwas ‹unter drei› erzählt, dann will er uns natürlich auch auf politische Veränderungen einstimmen, damit wir nicht tagelang auf dem falschen Bein ‹Hurra!› schreien.»[13] Welches das falsche und welches das richtige Bein ist, kann offenbar nur der Regierungssprecher mit seinem Herrschaftswissen entscheiden. Selbst Cicero-Chefredakteur Schwennicke gibt zu: «Politische Korrespondenten laufen über die Jahre Gefahr, mental ‹embedded› zu sein wie die Kriegsreporter. Es entsteht ein Amalgam aus Politik und Journalismus, in dem der Dritte im Bunde, die Öffentlichkeit, zu kurz kommt.»[14]

Das Problem ist wohl dieses: Wem als Journalist in Hintergrundgesprächen frühzeitig unpopuläre Maßnahmen wie soziale Einschnitte oder Kriegseinsätze vermittelt werden, wem im Vertrauen Motive erläutert und drohende Gefahren deutlich gemacht werden, dessen Perspektive verschiebt sich immer weiter weg von der seines Publikums, das fernab des Politikbetriebs lebt. Der kann zum Politiker-Versteher werden, dem geht dann oft die Naivität, die Neugier, die Empörung des Publikums ab, für das er stellvertretend die Fragen stellen soll. Der findet sich auf einmal in gemeinsamer Abwehrfront der demokratisch legitimierten Politiker und der freien Presse gegen die, wie Helmut Kohl sie einst nannte, «Menschen draußen im Lande». Und der fühlt sich oft auch verantwortlich für etwaige negative Folgen seiner Berichterstattung – oder wird von seinen hochrangigen Quellen dafür verantwortlich gemacht.

«Kleingeister» und «Brandstifter»

Es kommt nicht oft vor, dass Journalisten Einblicke in solche informellen Gespräche gewähren. Doch die Erzählungen zweier Korrespondenten zeigen, dass etwa in Brüssel solche Mechanismen zwischen EU-Korrespondenten und Politikern abgelaufen sind, und zwar sowohl bei der Einführung des Euro als auch bei der Rettung desselbigen. Der eine ist Winfried Münster, langjähriger Korrespondent der Süddeutschen Zeitung in Brüssel. Zunächst gegenüber der Europäischen Wirtschafts- und Währungsunion freundlich eingestellt, begann er Anfang der 1990er Jahre, skeptische Kommentare zu schreiben, als sich ein Maastricht-Vertrag ohne politische Union abzeichnete. Die Reaktionen darauf beschrieb er dem Politikwissenschaftler Jens Peter Paul gegenüber so: «Ein paar Wochen vor dem Gipfel von Maastricht hat mich der deutsche Botschafter in Brüssel, Dietrich von Kyaw, als ‹Ratte› beschimpft. Er stand vor mir: ‹Wenn Sie so weiterschreiben, dann machen Sie die deutsche Wirtschaft kaputt, denn dann kommt die Währungsunion nicht!› und so ein Quatsch. Der Druck war sofort enorm.» Beamte in der Vertretung in Brüssel hätten nicht mehr mit ihm gesprochen, auch einige Kollegen nicht. «Was besonders schlimm war: Daran, dass ich Europäer war, konnte gar kein Zweifel bestehen. (...) Für mich war die ganze Sache deshalb so enttäuschend, weil die Währungsunion die Integration nicht weitergebracht hat. Trotzdem wurde ich (...) binnen Wochen in die rechte Ecke gestellt.» Helmut Kohl habe ihn bei einem Gespräch gebeten: «Wenn Sie denn schon ein Euro-Skeptiker sind, dann träufeln Sie das doch bitte nicht in die Redaktion.» Und Außenminister Klaus Kinkel nahm ihn einmal bei einer Veranstaltung beiseite und «äußerte die ‹herzliche Bitte›, ich solle doch nicht mehr so ‹destruktiv› über den Euro schreiben. Es sei wirklich ernst.»[15]

Als der Beitritt von Ländern wie Bulgarien und Rumänien zur Europäischen Union betrieben wurde, seien Journalisten darauf eingeschworen worden, bloß nicht auf Gefahren der Erweiterung hinzuweisen. Das schreibt Hajo Friedrich, seit 1993 freier Journalist in Brüssel und jahrelang Autor der FAZ. «Wer das tat, galt nicht nur als dem nationalen Denken verhafteter Kleingeist, sondern auch als Brandstifter.»[16] Und wurde abgestraft, nicht mehr zu Hintergrundgesprächen oder Reisen eingeladen. Als dann ab 2009 die Finanzmarkt- und Schuldenkrisen die Gemeinschaftswährung in schweres Fahrwasser brachten, standen die EU-Korrespondenten unter dem Druck, den Euro nicht durch kritische Berichterstattung zu beschädigen. «Nie zuvor wie in den vergangenen drei Jahren», so

Hajo Friedrich Anfang 2012, «haben (...) in Brüssel und Berlin Regierungschefs, Minister und ihre Handlanger in Hintergrundgesprächen und anderen Foren der subtilen Beeinflussung im Blick auf die Finanzmarktkrise die ‹Verantwortung› der Journalisten so hervorgehoben. Nur wer jetzt verantwortlich berichte und kommentiere, sei für ‹Europa› und liefere den ‹Märkten› keine Munition, den Euro kaputtzumachen.»[17]

Es scheint plausibel, dass in Zeiten multipler, interdependenter Krisen – Ukraine, Syrien, Griechenland, Euro und Finanzmärkte, Klimawandel und Umweltzerstörung, NSA-Überwachung, islamistischer Terrorismus und Flüchtlinge – der Druck auf Journalisten wächst, das angeblich alternativlos-pragmatische Krisenmanagement der eigenen Regierung zu unterstützen und es nicht mit Kritik zu konterkarieren. Es sei wiederum betont, dass Journalisten und ihre Redaktionen diesem Druck widerstehen können und zuweilen mit exzellenten, kritischen Recherchen und Analysen gegen den Strich bürsten. Aber es ist wahrscheinlich, dass dies eher Ausnahmen bleiben, die die Nutzer suchen müssen – denn die Aussagen und Handlungen der politischen (und wirtschaftlichen) Eliten sind die hauptsächlichen Quellen, aus denen der Medien-Mainstream schöpft, der sich deshalb auch so häufig in Regierungsberichterstattung erschöpft.

Griechenland:
«Beitragsfinanzierter Kampagnenjournalismus»

Zu beobachten war dies auch im ersten Halbjahr 2015 während der Griechenland-Krise. Da war es Medien-Mainstream in Deutschland, die Syriza-Regierung als eine Bedrohung für Deutschlands Staatshaushalt und Europas Stabilität darzustellen und den Ministerpräsidenten Alexis Tsipras sowie Finanzminister Yanis Varoufakis, die sich gegen das Spardiktat der Troika wehrten, wahlweise als Extremisten, Hasardeure, Amateure oder Spieler darzustellen. Die EU, so schien es, wollte mit «Rettungspaketen» und «Hilfsprogrammen» nur Gutes tun, wenn denn die Griechen endlich die nötigen Reformen einleiten würden. Dass die «Hilfsgelder» nur Kredite waren, deren Bedienung eine schwere Last für die Griechen darstellt, es mithin lediglich um eine Umschuldung oder Schuldenrestrukturierung ging; dass die geforderten «Reformen» harte soziale Einschnitte waren; dass die bisherige Sparpolitik keine Wachstumseffekte auf die griechische Wirtschaft gehabt, sondern das Land in eine humanitäre Katastrophe geführt hatte: All das fiel allzu oft unter den Tisch.[18]

Viele Nachrichten und Berichte zur Konfrontation zwischen Syriza und der EU konnte man schwerlich unparteiisch nennen, sie transportierten über weite Strecken die Perspektive von Berlin und Brüssel. Die Blogs des Wirtschaftsjournalisten Norbert Häring (Handelsblatt) und des Medienjournalisten Stefan Niggemeier sowie die Programmbeschwerden des Vereins «Ständige Publikumskonferenz der öffentlich-rechtlichen Medien» sind wahre Fundgruben für Auslassungen, Falschaussagen und unhinterfragtes Nachbeten von Aussagen interessierter Brüsseler Kreise, die allesamt zu Lasten der griechischen Regierung und vor allem des Finanzministers Varoufakis gingen – vom Focus über die FAZ bis zu heute-journal, Tagesschau und Tagesthemen. Kritiker Häring spricht von «beitragsfinanziertem Kampagnenjournalismus»;[19] vor allem der Leiter der ARD-Europa-Redaktion, Rolf-Dieter Krause, habe sich vor den Karren der deutschen Verhandlungsseite spannen lassen.[20] In seinem publizistischen Kampf für die angeblich alternativlose Austeritätspolitik fand Krause sich offensichtlich mit den politischen Spitzen aus Berlin und Brüssel in einer Art «Verantwortungsverschwörung» vereint; nur so ist die Emphase zu erklären, mit der er auch in Talkshows gegen «die Jungs von Syriza» zu Felde zog. Die griechische Regierung hielt er ob ihrer Verhandlungstaktik für «verantwortungslos», sie gehöre «zum Teufel gejagt».[21] Wobei diese offenen Meinungsäußerungen gar nicht das Problem darstellten – viel gefährlicher waren die Momente, in denen Krauses Brüssel-nahe Haltung zur falschen oder einseitigen Darstellung der Faktenlage führte. So klagte er in den ARD-Tagesthemen vom 14. Juni 2015, dass die EU den Griechen bei den Sparplänen sehr weit entgegenkomme, aber Syrien allein für die Verteidigung «4 Prozent seines Bruttoinlandsprodukts» ausgebe. «Die Nato strebt 2 Prozent an, das machen die meisten Staaten nicht mal. Also da ist Riesen-Spielraum, um Geld einzusparen. Es wurde abgelehnt.» Tatsächlich gab Griechenland 2,3 Prozent des BIP für Verteidigung aus,[22] und dass die Syriza-Regierung mit Amtsantritt alle Rüstungsprojekte eingefroren und weitere Sparmaßnahmen vorgenommen hatte,[23] verschwieg Krause. Ähnlich seine Kollegin vom ZDF, Anne Gellinek. Die Leiterin des ZDF-

7. DIE VERANTWORTUNGSVERSCHWÖRUNG 119

Studios in Brüssel, klagte am selben Abend im heute-journal: «Es ist wohl so, dass sich die Griechen auf keinem der umstrittenen Felder in irgendeiner Weise bewegt haben. Und am Schluss hätten sie sich sogar geweigert, die relativ hohen Militärausgaben Griechenlands zu kürzen.» Das war falsch: Syriza war der EU entgegengekommen, hatte eine Kürzung des Militärbudgets um 200 Millionen Euro angeboten und die Vorgabe der Kreditgeber akzeptiert, in jenem Jahr einen Primärüberschuss (einen Haushaltssaldo ohne Schuldendienst) von 1 Prozent zu erreichen – was ein wochenlang umstrittenes Feld gewesen war.[24]

Deutlich tendenziös war ebenfalls ein Schaltgespräch in den heute-Nachrichten des ZDF am 29. Juni 2015. Kurz vor dem Referendum über die Annahme des Reformpakets der Troika kommentierte der Korrespondent Alexander von Sobeck, vor einer großen Kundgebung in Athen stehend: «Dieses Referendum entwickelt sich immer mehr zu einer Farce. Letztendlich geht es dann um die Frage, wollen die Griechen im Euro bleiben, in der Euro-Zone. Und wenn ich mich hier mal umschauen würde, was heute sich auf dem Platz vor dem Parlament abspielt, das ist die größte Demonstration seit Tagen – und das sind alles Leute, die gerne im Euro bleiben würden.» Zwar hielten die Demonstranten tatsächlich Banner hoch, auf denen «Europe all together» und «Euro our future» stand, aber es handelte sich in Wahrheit um eine Demonstration für den Kurs der Syriza-Regierung und gegen die Sparauflagen der Gläubiger. «Der ZDF-Korrespondent steht in Athen vor einer großen Demonstration von Syriza-*Anhängern* und tut so, als handele es sich um eine große Demonstration von Syriza-*Gegnern*», brachte es Medienjournalist Stefan Niggemeier auf den Punkt – und dies sei kein Flüchtigkeitsfehler.

Weil sich der Korrespondent die Interpretation aus Brüssel und Berlin zu eigen gemacht habe, dass das Referendum letztlich um den Verbleib Griechenlands in der Euro-Zone gehe, konnte er die komplexe Realität nicht mehr zutreffend beschreiben: nämlich dass Syriza-Anhänger die Vorgaben der Troika ablehnten, nicht aber aus dem Euro austreten wollten.[25]

Vielleicht wollten die beteiligten Journalisten vor Ort und in den Heimatredaktionen den deutschen Fernsehzuschauern (und sich selbst) die unangenehme Einsicht ersparen, dass die Bundesregierung gegen den Willen der griechischen Bevölkerung handelte – und uns alle beruhigen, dass wir eben doch «die Guten» sind. Psychologisch ausgedrückt, ging es also möglicherweise um die Vermeidung kognitiver Dissonanz.

Athen steht allein gegen alle, Deutschland will den Griechen doch nur helfen, die jedoch bedrohen mit ihrer Widerspenstigkeit die Stabilität Europas: Ein solcher Tenor, ganz nahe an der Merkelschen Erzählung der Vorgänge, herrschte jedenfalls auch in den großen Talkshows der öffentlich-rechtlichen Sender vor. Das fanden die beiden Medienwissenschaftler Matthias Thiele und Rainer Vowe in einer Untersuchung heraus. Egal ob «Maybrit Illner» (ZDF), «Anne Will» (ARD), «Günther Jauch» (ARD) oder «Hart aber fair» (ARD): Es dominierten Polemiken, Ressentiments und eine arrogante Haltung gegenüber der Syriza-Regierung. Die Griechen wurden stets als «Gefahr», «Bedrohung» oder «Angreifer» dargestellt, selbst die Moderatoren verhielten sich parteiisch, und vor allem erstaunte die Forscher der Gleichklang der Sendungen: «Meinungsvielfalt und Multiperspektivität wurde in der Vielzahl von Sendungen so gut wie nicht aufgeboten.»[26] Einer, der die

Macht dieses Mainstreams am eigenen Leib erfahren hat, ist der deutsch-griechische Journalist Michalis Pantelouris. Er war in mehreren solcher Talkrunden zu Gast: «Ich habe es, ehrlich gesagt, nicht wirklich geschafft, zu Wort zu kommen», schrieb er in einer fulminanten Abrechnung mit den Lügen und Klischees der deutschen Griechenland-Berichterstattung. «Ich bin kein Fernsehprofi, und jedes Mal bin ich wieder überrascht, wie leicht manche Diskutanten sich Applaus abholen, indem sie mehr oder weniger wörtlich Schlagzeilen der Bild-Zeitung zitieren.»[27]

Flüchtlingskrise: Gut gemeinte Einseitigkeiten

Die Verantwortung für eine angemessene öffentliche Meinung, sie lastet bei vielen Themen auf den Schultern der Journalisten. In der Griechenland-Frage und der Schuldenkrise steht viel auf dem Spiel, nichts weniger als europapolitische Grundsatzfragen und die Konstruktion des Euro. In der Ukraine-Frage schien es offenbar wichtig, Putin nicht in die Hände zu spielen und russlandfreundliche Haltungen in der Bevölkerung nicht zu sehr zum Tragen kommen zu lassen. In der Flüchtlingskrise im Sommer und Herbst 2015 war zu beobachten, dass die meisten deutschen Journalisten mit ihrer Berichterstattung und Kommentierung ein Einvernehmen der Bevölkerung mit Merkels Politik der offenen Grenzen herzustellen trachteten. Auf dem Höhepunkt der Willkommenskultur und des «Wir schaffen das» waren die Sorgen weiter Teile der Bevölkerung, die Schwierigkeiten von Kommunalpolitikern und auch die Integrationsprobleme, die mit einer kurzfristigen, massiven Einwanderung verbunden sind, medial unterrepräsentiert (Ausnahmen bildeten einige konservative Print-Titel wie FAZ, Welt oder Focus). Während etwa 70 Prozent der Neuankömmlinge junge Männer waren, prägten oft Kinder und Frauen die Bild-Berichterstattung.[28] Dem London-Korrespondenten der FAZ fielen bei einem Vergleich deutscher und britischer Fernsehnachrichten Unterschiede auf, die jeweils die nationale Regierungslinie spiegelten: «Als es zu Auseinandersetzungen zwischen ungarischen Grenzschützern und Flüchtlingen kam, zeigte die BBC, wie junge Männer Tore eintraten und Steine warfen. In der ARD-Tagesschau waren die drastischsten Bilder nicht zu sehen – stattdessen Frauen und Kinder, die vor dem Tränengas der Sicherheitskräfte flohen. Entsprechend unterschiedlich kommentierten die Reporter das Geschehen. Während das deutsche Fernsehen ein unverhältnismäßiges Vorgehen der Ungarn nahelegte, sprach der BBC-Reporter von der ‹Verteidigung der Grenzen› und bezweifelte, dass sich die Flüchtlinge mit diesem Gewaltausbruch ‹neue Freunde› gemacht hätten.»[29]

Erst nach der Silvesternacht 2015, als es in Köln massenhaft sexuelle Übergriffe auf Frauen durch Einwanderer aus dem nordafrikanisch-arabischen Raum gegeben hatte, kam eine breitere Debatte über Integrationsschwierigkeiten in Gang – und auch das zunächst nur zögerlich. So hielt das ZDF rätselhafterweise die Informationen zu Köln länger als andere Medien zurück, obwohl die «Nachrichtenlage (…) klar genug» gewesen war, wie Vize-Chefredakteur Elmar Theveßen bei seiner Entschuldigung später einräumte.[31] Und der Kriminologe Christian Pfeiffer, ehemaliger Justizminister von Niedersachsen, machte bei seinen ersten beiden Fernsehinterviews zu den Vorfällen eine seltsame Erfahrung: «Da fragten mich die Journalisten: Bitte, reden Sie nicht über Flüchtlinge.»[30]

Offenbar gab es in deutschen Redaktionen das Bestreben, fremdenfeindlichen Pauschalisierungen keinen Vorschub zu leisten – im Einklang mit dem Pressekodex des Deutschen Presserates, in dem eine verantwortungsvolle und diskriminierungsfreie Berichterstattung über Minderheiten angemahnt wird. Das ist einerseits ein begrüßenswerter Fortschritt gegenüber der Asyldebatte Ende der 1980er bis Anfang der 1990er Jahre, in der vor allem die Bild-Zeitung und die Welt am Sonntag gemeinsam mit CDU und CSU durch populistische «Das Boot ist voll»- und «Asylantenflut»-Rhetorik die Stimmung gegen Migranten angeheizt hatten. Andererseits hatte die neue Ausländerfreundlichkeit auch von konservativer Seite nun die Konsequenz, dass bestimmte Aspekte der Realität nicht abgebildet wurden. Diskussionen darüber gab es auch in der Redaktion der Zeit, als dort im Herbst 2015 eine Ausgabe in Zusammenarbeit mit Flüchtlingen produziert wurde. Für einen Beitrag zeigten die Redakteure den Flüchtlingen typische Bilder aus Deutschland – unter anderem Porträts von Heidi Klum, Roberto Blanco, Goethe, Angela Merkel, Til Schweiger oder Günter Grass – und baten sie um ihren Kommentar. Es gab nur einen Prominenten, den alle kannten: Adolf Hitler. Besonders unangenehm war, so berichtet Chefredakteur Giovanni di Lorenzo: «Die Hälfte der Aussagen zu Hitler waren positiv, und ein Kollege fragte: ‹Darf man das drucken?›» Die Redaktion entschied liberal: «Man muss. Andernfalls sitzt man in der Falle der Beschönigung, in die wir nicht weiter tappen dürfen.»[32]

Es spricht vieles dafür, dass sich im zweiten Halbjahr 2015 der Großteil der deutschen Leitmedien in dieser Falle befand: in einer Verantwortungsverschwörung gemeinsam mit den politischen Spitzen des Landes, über die Probleme des Flüchtlingsandrangs nicht offen zu debattieren. Einer Verschwörung, die vielleicht gar keiner persönlichen Absprachen im Hintergrund bedurft hatte und nur aufgrund gemeinsamer Einstellungen und Werte funktionierte, aber die dennoch als politisch-mediale Schweigespirale wirkte. «Diskursverbot» und «Blockade» nannte es der Tübinger Oberbürgermeister Boris Palmer – ein Grüner, der beklagte, dass viele Menschen Angst davor hätten, in die rechte Ecke gestellt zu werden, wenn sie ihre Sorgen und Ängste artikulierten.[33] Der Magdeburger Oberbürgermeister Lutz Trümper trat gar aus seiner Partei (der SPD) aus, weil er sich in der Flüchtlingsfrage «nicht den Mund verbieten» lassen wollte.[34] Dem Vertrauen vieler Nutzer in die Medien aber war die flüchtlings- und (wohl vor allem) regierungsfreundliche Schlagseite in der Berichterstattung abträglich. Laut einer repräsentativen Befragung des Allensbach-Instituts für die FAZ vom Dezember 2015 hatten vier von zehn Bürgern den Eindruck, dass sie überredet werden sollen, sich über den Flüchtlingsstrom keine Sorgen zu machen – und 53 Prozent meinten, dass die Medien kein zutreffendes Bild der Flüchtlinge zeigen, was den Anteil von Familien und jungen Männern oder die berufliche Qualifikation der Flüchtlinge angeht. Die Zurückhaltung bei der Schilderung kritischer Aspekte goutierten nur wenige: 73 Prozent der Befragten plädierten für eine rückhaltlose Berichterstattung, selbst wenn dies zu negativen Auswirkungen führen könnte.[35] Ein Publikum, das sich von seinen journalistischen Gatekeepern nicht ernstgenommen fühlt, fordert Vertrauen in seine Urteilskraft ein.

So ist das Gegenteil von «gut» oftmals «gut gemeint» – das gilt auch für das publizistische Engagement für Flüchtlinge und gegen Pegida. Man könne zwar, so schrieb die

Neue Zürcher Zeitung, mit «einer solchen veröffentlichten Meinung xenophobe Haltungen zurückdrängen, was als zivilisierende Wirkung von erheblicher Bedeutung ist». Jedoch setzten die Einseitigkeiten der Berichterstattung das Publikum «moralisch unter Druck, einen gesellschaftlichen Wandel von erheblichem Ausmaß zu akzeptieren, ohne die eigenen Sorgen, Vorbehalte und Bedürfnisse angemessen in die öffentliche Erörterung einbringen zu können. (…) Die Beschwörungen einer Bereicherung der Gesellschaft durch die neue Buntheit und Vielfalt überspringen Erfahrungen von Verlust an Gewohntem und die Belastung durch Konfrontation mit Fremdem.»[36] Kein Wunder, dass das «dunkle Deutschland», die Schatten in der Bevölkerung, die die Medien aus der besten Absicht heraus verdrängten, an anderer Stelle als wütende, unappetitliche Gegenöffentlichkeit (wie im islamfeindlichen Blog «Politically incorrect») wieder auftauchten.

Politiker am Rande der Depression

Nun birgt informeller Umgang von Journalisten mit Eliten nicht nur Gefahren (der Vereinnahmung und Verschwörung), sondern auch Chancen. Denn nur wer mit Politikern oder anderen Entscheidern im vertraulichen Kontakt steht, kann die Diskrepanz zwischen öffentlichen Verlautbarungen und Hintergrund-Offenbarungen vermessen und der Öffentlichkeit mitteilen. Zuweilen gibt es solche Ausbrüche aus Verantwortungsverschwörungen.

«Eine gewisse Kluft zwischen dem, was Politiker innen, und dem, was sie außen sagen, gibt es immer. Derzeit jedoch ist der Unterschied zwischen drinnen Besprochenem und draußen Verschwiegenem größer denn je.» Diese Sätze stammen aus einem Leitartikel von Bernd Ulrich, dem Vize-Chefredakteur der Zeit, vom April 2015. Ulrich berichtet von Begegnungen mit führenden Politikern, die sich angesichts der Vielzahl miteinander zusammenhängender Krisen «hart am Rand einer politischen Überlastungsdepression bewegen», aber die Menschen «nicht mit ihrer eigenen Verunsicherung verunsichern» wollen.[37] Auch sein Chef Giovanni di Lorenzo berichtete in einem Plädoyer für eine ehrlichere Debatte über die Probleme der Zuwanderung von Eindrücken aus informeller Kommunikation: «Sollen wir über alles Schwierige möglichst hinwegsehen, während sich Teile der Union und der SPD mit den Oppositionsparteien einen Wettbewerb darum liefern, wer die aufnahmefreundlichste politische Kraft im Land ist? Wenn das so kommt, wird das eine Vergiftung des politischen Klimas in Deutschland nach sich ziehen, vor der man sich nur fürchten kann. Und in Hintergrundgesprächen sagen das einem die Spitzenpolitiker jeder Couleur auch.»[38] Gäbe es keine vertraulichen Begegnungen auf der politischen Hinterbühne, dann könnten Journalisten keine solchen Stimmungsbilder aus dem Herzen der Macht zeichnen – diese aber können der Gesellschaft und auch ihren verantwortlichen Eliten helfen, aus Schweigespiralen herauszukommen.

Von der «formierten» zur «marktkonformen» Demokratie

Um die gegenwärtige Situation des Gleichschritts zu verstehen, in dem viele große Medien marschieren, lohnt auch ein Blick zurück in die Historie der Bundesrepublik. Die Historikerin Christina von Hodenberg hat die Geschichte der westdeutschen Medienöffentlichkeit zwischen 1945 und 1973 nachgezeichnet und im ersten Nachkriegsjahrzehnt einen «Konsensjournalismus» ausgemacht, der sich an staatlicher Autorität orientierte und eine eher repräsentative als diskursive Öffentlichkeit herstellte – mit dem Ziel, den jungen, verwundbaren Staat zu schützen und den prekären inneren Frieden zu erhalten. Ludwig Erhard brachte diese Art der gesellschaftlichen Integration durch Konsens auf eine griffige Formel: «formierte Demokratie».

Um 1970 hatte sich die politische Öffentlichkeit grundlegend verändert. «Strittige Entscheidungsprozesse wurden nun in einem Maße öffentlich debattiert, wie es in den Gründungsjahren der Republik unüblich war. (...) Die Medienlandschaft hatte sich klar polarisiert, die einzelnen Massenmedien ein stärker politisches Profil gewonnen.»[39] Man vertraute nun mehr auf die Selbstregulierungskräfte der Gesellschaft, setzte auf Integration durch Konfliktaustragung. Aber das brauchte eben eine Voraussetzung: «Erst als das Krisengefühl abebbte – nach zwei Jahrzehnten –, konnte der Aufbruch in eine kritische Öffentlichkeit gelingen.»[40]

Wenn das Publikum und viele Intellektuelle nun seit Jahren eine Art Regression, ein Zusammenschnurren der Meinungsspanne und einen neuen «Konsensjournalismus» wahrnehmen, so hat das möglicherweise auch mit dem Gefühl von Dauerkrise zu tun, das uns seit der entfesselten Globalisierung der Wirtschaft, dem 11. September und der anschließenden Destabilisierung des Nahen Ostens sowie den geplatzten Blasen des Kasinokapitalismus begleitet. Merkels Formel von der «marktkonformen Demokratie»[41] erinnert nicht von ungefähr an Erhards «formierte Demokratie», und die Journalisten betreiben womöglich verstärkt «Integration durch Konsens» in einer als instabil wahrgenommenen Lage – begleitet von einem Parteiensystem, das auch immer weniger unterschiedliche Positionen bietet, die man abbilden könnte. Die abweichenden Meinungen und die Hinweise auf Systemfehler und gesellschaftliche Widersprüche finden sich heute, zum großen Teil bekämpft vom politisch-medialen Establishment, vor allem außerparlamentarisch und in einer Internet-basierten Gegenöffentlichkeit wieder.

8.

ES GEHT UMS GANZE

An einem Mittwochabend im Oktober 2015 ging die ZDF-Reporterin Dunja Hayali mit einem Kamerateam auf eine AfD-Kundgebung in Erfurt. Sie sprach Teilnehmer freundlich an, warum sie hier seien und welche Sorgen sie bewegten. Acht Frauen und Männer gaben ihr Auskunft, die meisten Gespräche verliefen sachlich. Eines jedoch, mit einer Frau mittleren Alters im roten Anorak und Plastiktüte in der Hand, war von gegenseitigem Unverständnis geprägt:

Besucherin (*aufgebracht*): «Sie gehen doch durch die Zensur! Ich habe letzte Woche ein Interview gegeben, da kam gar nichts! Weil das alles zensiert wird! Die Presse kann doch hier weg. (...) Die Berichterstattung, die können Sie sich ersparen, weil die Wahrheit kriegen Sie sowieso nicht. Wo haben Sie denn eine objektive Berichterstattung?» (...)

Reporterin (*mit ruhiger Stimme*): «Was ist denn die Wahrheit?»

Besucherin: «Nicht Ihre.»

Reporterin: «Aber was ist denn *Ihre* Wahrheit?»

Besucherin: «Nicht *Ihre* Wahrheit!»

Reporterin: «Ich weiß gar nicht, was meine ist.»

Besucherin: «Hören Sie *hier* zu, *das* ist die Wahrheit (*zeigt mit dem Finger zur Tribüne*). Und nicht, was unsere Politiker hier veranstalten.»

Reporterin: «Das sind doch auch Politiker.»

Besucherin: «Aber die sind nicht in der Regierung.»

Reporterin (*nickt verstehend*): «Und was ist jetzt nochmal *Ihre* Wahrheit?»

Besucherin: «Nicht *Ihre*. Hören Sie *hier* zu! Da hören Sie sie.»

Reporterin (*wendet sich ab*): «Ich versteh's nicht, lassen wir's. Ich versteh's nicht.»[1]

Man kann diese Szene abtun: Eine Bürgerin, die nicht artikuliert, was sie will, die stattdessen auf Rechtspopulisten als Glaubwürdigkeitsinstanz verweist und eine empathisch auftretende, reflektierte Reporterin angeht. Muss sie überhaupt am öffentlichen Diskurs teilnehmen?

Man kann in dieser Szene aber auch viel über die Vertrauenskrise der Medien lernen. Die Frau lehnt nicht nur den etablierten Journalismus ab, sondern auch und vor allem die Regierungspolitik, über die er berichtet und mit der er unter einer Decke zu stecken scheint. Der Wortwechsel über «Deine Wahrheit – meine Wahrheit» macht deutlich: Es geht der Demonstrantin bei ihrer Medienkritik nicht um Lügen im Sinne falscher Sachverhaltsaussagen, es geht um die Perspektive, um den Blickwinkel, den Standpunkt: Ihre Sicht ist nicht meine Sicht! Ihre Position im System ist nicht meine Position! Ihr Interesse ist nicht mein Interesse!

Es geht um oben und unten, drinnen und draußen

Die herrschende Unzufriedenheit kommt nicht nur sowohl von rechts als auch von links, sie hat vielmehr kaum noch etwas mit diesen politischen Richtungsangaben zu tun. Der FAZ-Innenpolitikchef Jasper von Altenbockum beschrieb es treffend: «Es geht um ‹drinnen› und ‹draußen›, um ‹oben› und ‹unten›. Draußen fühlen sich die politisch heimatlosen Leute, die sich einem ‹System› gegenübersehen, dessen Repräsentanten und Institutionen – vom Parlament über die Verwaltung bis zur ‹Lügenpresse› – sie kein Vertrauen mehr entgegenbringen, um es milde auszudrücken. Drinnen dagegen sind all die Politiker und Amtsträger, die als ‹Kaste› oder ‹Netzwerk› wahrgenommen werden (...).»[2] Viele Bürger fühlen sich nicht nur von den großen Parteien nicht mehr repräsentiert, was sich unter anderem an sinkender Wahlbeteiligung und Mitgliederschwund ablesen lässt, sondern auch von den großen Medien, die die Brücke zwischen der Bevölkerung und den Eliten, zwischen Regierten und Regierenden bilden sollen.

Das Bundesverfassungsgericht hat in seinem berühmten Spiegel-Urteil von 1966 Folgendes zur Aufgabe der Medien gesagt: «In der repräsentativen Demokratie steht die Presse (...) als ständiges Verbindungs- und Kontrollorgan zwischen dem Volk und seinen gewählten Vertretern in Parlament und Regierung. Sie fasst die in der Gesellschaft und ihren Gruppen unaufhörlich sich neu bildenden Meinungen und Forderungen kritisch zusammen, stellt sie zur Erörterung und trägt sie an die politisch handelnden Staatsorgane heran, die auf diese Weise ihre Entscheidungen auch in Einzelfragen der Tagespolitik ständig am Maßstab der im Volk tatsächlich vertretenen Auffassungen messen können.»[3] Die Glaubwürdigkeitskrise der Medien fällt nun in eine Zeit, in der nicht nur die Meinungsspanne innerhalb der etablierten Parteien zusammengeschnurrt ist, sondern die westlichen Gesellschaften sich nach Ansicht von Politikwissenschaftlern immer mehr in Richtung «Postdemokratie» bewegen. Der britische Politologe Colin Crouch hat sie definiert als ein «Gemeinwesen, in dem zwar nach wie vor Wahlen abgehalten werden, Wahlen, die sogar dazu führen, dass Regierungen ihren Abschied nehmen müssen, in dem allerdings konkurrierende Teams professioneller PR-Experten die öffentliche Debatte während der Wahlkämpfe so stark kontrollieren, dass sie zu einem reinen Spektakel verkommt, bei dem man nur über eine Reihe von Problemen diskutiert, die die Experten zuvor ausgewählt haben. (...) Im Schatten dieser politischen Inszenierung wird die reale Politik hinter verschlossenen Türen gemacht: von gewählten Regierungen und Eliten, die vor allem die Interessen der Wirtschaft vertreten.»[4]

Geradezu symbolhaft dafür erscheinen die geheimen Verhandlungen zu Freihandelsabkommen wie TTIP, CETA und TISA, in denen es um die künftigen sozialen, ökologischen und auch demokratischen Standards Europas geht. Die Hunderttausenden, die dagegen auf die Straße gehen – wohlgemerkt: sehr viel mehr Menschen als gegen die «Islamisierung» –, treibt offenbar genau dieses Gefühl: dass die eigentliche Politik sich zunehmend ihrem Einfluss entzieht, dass auf höheren Ebenen substanzielle Entscheidungen getroffen werden, die den gewählten Parlamenten wenig mehr als die Verwaltung von Sachzwängen übrig lassen. Unsere Verfassung durchläuft gerade einen «Formwandel», konstatiert der Politologe Kolja Möller. «Die neue Form der Verfassungsbildung ist kein egalitäres Projekt, es wird maßgeblich von den Global Players, verselbstständigten Systemlogiken sowie von politischen und ökonomischen Eliten geprägt.» Vor allem Freihandel und Austeritätspolitik würden so verrechtlicht, dass sie nicht mehr befragbar sind. «Indem marktliberale Projekte zu einer höherrangigen Ordnung avancieren, wird der politische Prozess massiv auf wenige verfügbare Alternativen reduziert.»[5]

Dass Gewinne aus wirtschaftlicher Tätigkeit privatisiert und Verluste stets sozialisiert werden und die Kluft zwischen Arm und Reich immer größer wird, hat mittlerweile jeder mitbekommen; auch dass man als Zockerbank einfach nur groß genug – systemrelevant – sein muss, um mit Steuergeld gerettet zu werden. Reiche verabschieden sich per Steuerflucht aus der Solidargemeinschaft, und Konzerne betreiben durch geschicktes Jonglieren mit den Gesetzen verschiedener Länder «aggressive Steuervermeidung»; Schmiergeldaffären in der Industrie und Steuerhinterziehungen enden vor Gericht mit milden Bewährungs- und Geldstrafen, während die Sozialleistungen für die Abgehängten abgebaut werden und der Druck auf dem Arbeitsmarkt wächst.

Zur selben Zeit betreibt der Westen eine Außen- und Militärpolitik, die mehr Probleme geschaffen als gelöst hat, und auch hier werden immer mehr Fragen der politischen Willensbildung im parlamentarischen Raum entzogen: So hat der Bundestag 2010 mit breiter Mehrheit beschlossen, dass die Merkel-Regierung sich nachdrücklich für den Abzug der US-Atomwaffen aus der Eifel einsetzen solle. Umgesetzt hat die Kanzlerin das nicht. Im Gegenteil: Die Nato beschloss mit deutscher Zustimmung 2012, die in Europa stationierten US-Atomwaffen beizubehalten;[6] neue, noch gefährlichere amerikanische Atombomben wurden 2015 im Fliegerhorst Büchel stationiert und würden im Fall eines Krieges von deutschen Tornado-Piloten ins Ziel gelenkt; und mit über 100 Millionen Euro deutscher Steuermittel wird die Modernisierung des Flugplatzes bezahlt.[7] Zugleich arbeitet die Bundesregierung daran, dem Bundestag die Entscheidungsbefugnis über Auslandseinsätze der Bundeswehr zu entziehen – der Parlamentsvorbehalt soll «flexibilisiert» werden, natürlich aus reinen Sachzwang-Gründen: Europäische Armeen organisierten sich zunehmend arbeitsteilig, und die Verlässlichkeit Deutschlands als Bündnispartner in Nato und EU müsse erhöht werden. Exekutiven auf supranationaler Ebene sollen mehr Macht bekommen, Volksvertreter das Nachsehen haben: Postdemokratie in the Making.

Selbstbestätigung in Echokammern

Was zunächst wie ein reines Problem der Politik mit ihren Wählern erscheint, ist auch eines des Journalismus mit seinen Nutzern – vor allem des konventionellen «Indexing»-Journalismus, der durch tägliche Berichterstattung die politischen Entwicklungen mitvollzieht, sie erklärt, ihnen Logik und Sinn zuschreibt, sie rational bis alternativlos erscheinen lässt. Bezeichnenderweise sehen viele Nutzer mittlerweile Satiresendungen wie «Die Anstalt», die das Absurde und Empörende der Vorgänge herausarbeiten und die Fakten in andere als die regierungsamtlichen Sinnzusammenhänge stellen, als die eigentlichen Nachrichtensendungen an.

Wer will es Bürgern, die sich politisch ohnmächtig fühlen, verübeln, dass sie sich von Journalisten entfremdet haben, die sozial und mental in die informationelle und argumentative Sphäre von Spitzenpolitikern und Wirtschaftskapitänen eingebettet sind? Ist es ein Wunder, dass sich Nutzer, die die Medien eher auf Seiten der Macht als auf ihrer Seite sehen, in Gegenöffentlichkeiten und alternative Informationsräume im Internet zurückziehen? Alpha-Journalisten nennen diese Räume mitunter verächtlich «Echokammern», weil man dort von Gleichgesinnten lediglich das eigene Weltbild bestätigt bekomme[8] – vergessen darüber aber offenbar, dass auch ihr eigenes Milieu als Echokammer funktionieren kann, wenn immer wieder dieselben Botschaften von den Wänden der Fünf-Sterne-Hotels, Ministerien und Konzernrepräsentanzen widerhallen.

«Medienkonzerne und ihre Kader», so stellte der Medienwissenschaftler und langjährige Leiter des Adolf-Grimme-Instituts, Lutz Hachmeister, schon 2002 fest, «gehören heute mehr denn je einer verblüffend homogenen politisch-kulturellen Führungsschicht an, sind also Teilhaber eines dichten Kommunikationsnetzwerks von Entscheidern aus Politik, Wirtschaft und Kultur. Dieses Gewebe ist bei allen unterschiedlichen beruflichen Sektoren und Aufgaben als *spätbürgerliches Establishment* zu klassifizieren – durch einen aufeinander abgestimmten Habitus, gemeinsam geteilte kulturelle Orte und konkrete Kommunikationsbeziehungen.»[9] Fraglich sei, «ob der wohlig im spätbürgerlichen Zentrismus eingerichtete Prestige-Journalismus die Entfremdung breiter Bevölkerungsschichten von den formaldemokratischen Ritualen überhaupt mitbekommt.»[10]

Es hat sich offenbar über viele Jahre eine Enttäuschungswut der Nutzer über die Medien angestaut, die mehr Anpasser als Aufpasser, mehr Regierungsversteher als Anwalt der Regierten zu sein scheinen. Vermitteln sie doch zumeist in ihrer Berichterstattung gewollt oder ungewollt, dass die aktuelle Politik nicht nur vernünftig und verantwortlich, sondern auch alternativlos ist: von der Deregulierung der Finanzmärkte, die direkt in die Finanzkrise 2008 mündete, über die «Rettungspolitik» für Griechenland, die die Schuldenkrise nicht löst, bis zu einer westlichen Nahost-Politik, die eine ganze Region entstaatlicht und gigantische Flüchtlingsströme (mit-)produziert hat. Das böse Erwachen kommt immer später – und die Wachhunde, teilweise eingebunden in elitäre Netzwerke, Think Tanks und Lobbyorganisationen, in denen die jeweils aktuelle Politik als vernünftig und verantwortungsbewusst diskutiert wird, scheinen fast alle geschlafen zu haben. Die Kriegspolitik im Nahen Osten müsse, so kürzlich Zeit-Politikchef Bernd Ulrich, «aus heutiger Sicht als stellenweise durchgeknallt bezeichnet werden».[11] Aber was hilft das heute?

Doppelte Standards und Bündnisrücksichten

Hinzu kommt das Gefühl, dass Medien nicht nur sehr aufgeregt, sondern häufig einseitig berichten – zuweilen offenbar aus erzieherischem Impetus heraus, um die Nutzer vor Verwirrung über die «richtige» Interpretation der Ereignisse zu schützen oder um zu verhindern, dass unerwünschte, aber weit verbreitete Einstellungen in der Bevölkerung (Russlandfreundlichkeit, Antiamerikanismus, Euroskepsis, Ausländer- und Islamfeindlichkeit) öffentlich sichtbar und politisch wirksam werden. In der außenpolitischen Berichterstattung sind jedenfalls doppelte Standards nicht zu übersehen.

Die völkerrechtswidrige, aber unblutige Annexion der Krim durch Russland erregte die Medienmacher um ein

Vielfaches mehr als ebenfalls völkerrechtswidrige, aber blutige Angriffskriege und Drohneneinsätze unserer Verbündeten. Wird in Moskau der oppositionelle Politiker Boris Nemzow auf offener Straße von Unbekannten erschossen, ist das tagelang Top-Thema in den deutschen Medien, und in der Tagesschau heißt es, die Schuldigen säßen im Kreml. Wird wenig später in Kiew auf offener Straße der oppositionelle Journalist und Euromaidan-Gegner Oles Busyna erschossen, ist das vielen Medien nicht einmal eine Meldung wert – obwohl das Ereignis Teil einer ganzen Serie von Morden an pro-russischen Publizisten und Politikern kurz nach dem Machtwechsel in der Ukraine war.[13] Gängelt Putin die russischen Nichtregierungsorganisationen mit ausländischer Finanzierung oder Kreml-kritische Medien, empören sich unsere Journalisten – verbietet die vom Westen unterstützte Regierung in Kiew die größte linke Oppositionspartei im Land (die Kommunistische Partei der Ukraine) oder säubert sie die ukrainische Medienlandschaft von angeblich «separatistischen» Publikationen, herrscht Schweigen.[12]

Wird die Passagiermaschine MH-17 über der von Separatisten kontrollierten Ostukraine abgeschossen, lasten die großen Zeitungen sofort – noch bevor es belastbare Fakten gibt – Putin persönlich die Schuld dafür an. Bombardieren US-Kampfpiloten das Krankenhaus der Ärzte ohne Grenzen im afghanischen Kunduz, ist das ein tragischer Fehler, der auf unteren Ebenen angesiedelt ist, erst einmal sorgfältig untersucht werden muss – und für den der Oberbefehlshaber der US-Streitkräfte, Präsident Barack Obama, offenbar keine Verantwortung trägt. So mancher fühlt sich da an die Prinzipien der Kriegspropaganda erinnert, die der britische Politiker und Schriftsteller Lord

Arthur Ponsonby während des Ersten Weltkriegs erkannte: «Der Gegner begeht mit Absicht Grausamkeiten, bei uns handelt es sich um Versehen», lautet eines, und andere sind: «Wir wollen keinen Krieg», «Der Gegner ist allein für den Krieg verantwortlich», «Wir verteidigen ein edles Ziel, keine persönlichen Interessen» und «Der Führer des feindlichen Lagers ist ein Teufel».[14]

Menschenrechtsverletzungen sind nicht gleich Menschenrechtsverletzungen, Kriegsverbrechen nicht gleich Kriegsverbrechen – ihre Schwere und Skandalträchtigkeit hängt davon ab, wer sie begeht. Finden sie etwa in den Golfmonarchien statt, die eine wichtige Stütze der westlichen Nahost- und Energiepolitik sind, wird das zwar berichtet, allerdings ohne wiederholt die Notwendigkeit zu betonen, diese Regime müssten abdanken. Handelt es sich hingegen um traditionell amerikakritische Regime, sieht das ganz anders aus: Über ihre tatsächlichen oder vermeintlichen Schandtaten wird extensiv berichtet und ein militärisches Eingreifen des Westens – «humanitäre Interventionen» – herbeigeschrieben und im Erfolgsfall bejubelt. So sollte der Nato-Feldzug gegen den libyschen Diktator Muammar al-Gaddafi im Jahre 2011 erklärtermaßen ein bevorstehendes Massaker verhindern, das Gaddafi angeblich geplant hatte. Sein Sturz wurde allseits begrüßt, obwohl das Land anschließend zerfiel und mittlerweile zu einem Standbein des IS geworden ist. Was jedoch nicht berichtete wurde, ist die Tatsache, dass sich das Nato-Bombardement ausdrücklich gegen die zivile Infrastruktur Libyens richtete und nach konservativen Schätzungen 32 000 Zivilisten das Leben kostete.[15] In der Syrien-Berichterstattung wurde zum immer wiederkehrenden Leitmotiv, dass Präsident Baschar al-Assad Fassbomben gegen die eigene Bevölkerung eingesetzt hat – um zu unterstreichen, dass er als Staatschef inakzeptabel ist. Zur selben Zeit wurde der brutale Krieg Saudi-Arabiens gegen die Huthi-Rebellen im Jemen medial kaum beachtet, der tausenden Zivilisten das Leben kostete und Millionen in Hungersnot stürzte.[16] Saudische Panzer waren es auch, die 2011 in Bahrain die Proteste gegen den despotischen Herrscher niederwalzten – zur selben Zeit, als in Libyen und Syrien der Aufstand ausbrach.[17] Auch in Saudi-Arabien selbst gab es Proteste gegen das Regime, die in den Medien fast gänzlich ausgeblendet wurden. Die Gründe, hier mit zweierlei Maß zu messen, sind offensichtlich: Saudi-Arabien und Bahrein sind treue Vasallen Amerikas, während Syrien und Libyen immer wieder eigenwillig agierten.

Es gebe «Bündnisrücksichten», die sich im Grad der redaktionellen Unabhängigkeit der Sender widerspiegelten – mit dieser Begründung beendete der renommierte Nahost-Korrespondent Ulrich Tilgner im Jahr 2008 seine Zusammenarbeit mit dem ZDF.[18] Tilgner ging zum Schweizer Fernsehen. Genau solche Bündnisrücksichten sind es auch, die Mediennutzer zu alternativen Nachrichtenportalen wechseln lassen. Und solange «Mainstream-Medien» die PR-Erzählungen der eigenen Regierung und ihrer Verbündeten medial verstärken, anstatt sie zu demaskieren und deren blinde Flecken auszuleuchten, solange werden die Zweifel an ihrer Objektivität nicht verschwinden.

Entspannungsübungen

Um aus der Vertrauenskrise herauszufinden und das gegenseitige Verhältnis neu zu justieren, sollten die empörten Nutzer, denen bestimmte Perspektiven in der Berichterstattung fehlen, mit mehr Empathie als bisher auf die Bedingungen schauen, unter denen Journalisten ihre Inhalte produzieren. Es lohnt sich, in der Masse der etablierten Medien auf die Ausreißer vom jeweiligen Mainstream, auf die investigativen, subversiven, gegen den Strich bürstenden Beiträge zu achten. Allein die öffentlich-rechtlichen Rundfunksender veröffentlichen so viele davon, dass man damit mühelos einen eigenen Alternativsender bestücken könnte. Diese aufklärenden Ausnahmen, die lediglich immer wieder überspült werden von der Flut der täglichen, passiven Abbildung des Regierungshandelns und des Elitendiskurses, gilt es, über die eigenen Kanäle, etwa auf sozialen Netzwerkplattformen, weiterzuverbreiten. Kritik darf und soll freilich weiter geübt werden, aber ohne Schmähungen, in sachlich-konstruktivem Ton und, wenn immer möglich, mit Klarnamen. So entfaltet sie im Übrigen auch die größte Wirkung in den Redaktionen.

Dort wiederum müssen die Journalisten den Wandel ihres Berufsbildes (weiter) vollziehen, den das Zeitalter des Web 2.0 verlangt: mehr Dialog, mehr Auseinandersetzung mit den Menschen, die man früher einmal Publikum nannte. «Wer über Medien auf die öffentliche Meinung Einfluss nimmt, muss sich auch dem öffentlichen Diskurs stellen. Er muss unter Umständen seine Daten, Fakten sowie Sichtweisen und Werte offenlegen, die ihn zu einer Schlussfolgerung kommen lassen», meint etwa Heiko Hilker, Mitglied im MDR-Rundfunkrat und langjähriger Medienpolitiker der Linksfraktion im sächsischen Landtag.[19] Hilker fordert auch, dass Journalisten «aus allen gesellschaftlichen Schichten»[20] kommen sollten, um die Mittelschicht-Schlagseite in der journalistischen Perspektive abzumildern – und will eine kritischere und hintergründigere Berichterstattung in den Hauptnachrichten der öffentlich-rechtlichen Sender. Die Offenlegung von Inszenierungen und die Ausleuchtung von Interessen der Mächtigen müssten nicht nur in Politmagazinen, Features und nächtlichen Dokumentationen, sondern auch in den reichweitenstärksten Sendungen geschehen. Freilich: Wer nicht nur vermeintlich neutral das Regierungshandeln abbildet, sondern Maßstäbe anlegt und sich positioniert, macht sich angreifbar – aber das Vertrauen der Nutzer ist wohl nur um den Preis zurückzugewinnen, dass man ein Stück Wohlwollen der Regierenden einbüßt.

Und jene Alpha-Journalisten, die scheinbar viel zu stark mit den Mächtigen verflochten sind? Niemand kann ernsthaft wollen, dass sie den Umgang mit Politik- oder Wirtschaftseliten komplett meiden und nur noch vom Schreibtisch aus recherchieren. Journalisten sollen ihren Mediennutzern sagen, was los ist – auch in hochrangigen, schwer zugänglichen und intransparenten Kreisen. Sie brauchen Informationen, Gedankenaustausch, Reibung, um sich ein eigenes Bild zu machen. Gleichwohl bleibt die ständige Herausforderung, eine «distanzierte Nähe» zu seinen Informanten zu pflegen, immer wieder aktiv weitere Quellen zu suchen, die eine andere Perspektive auf das Geschehen haben und mit deren Hilfe sich die interessenbedingten blinden Flecken der anderen Akteure ausleuchten lassen. Wer in der Griechenland-Frage gute Beziehungen zu den Verhandlungsführern der Eurogruppe pflegt, der bemühe sich um ebensolche zu den griechischen. Wer die Gewinner der Globalisierung beim Weltwirtschaftsforum im Schweizerischen Luftkurort Davos trifft, der fahre zur Abwechslung einmal zur Gegenveranstaltung, dem Weltsozialforum, um mit den Verlierern und Kritikern der Globalisierung zu sprechen – auch wenn das Essen dort vielleicht nicht so gut ist. Wer jedes Jahr zur Münchner Sicherheitskonferenz ins Luxushotel «Bayerischer Hof» eingeladen wird, um mit Ministern, Diplomaten, Militärs und Wirtschaftsführern Probleme der Sicherheitspolitik zu wälzen und von Rüstungsfirmen wie EADS und Krauss-Maffei gesponserte Drei-Gänge-Menüs einzunehmen,[21] der findet vielleicht auch den Weg zur Münchner Friedenskonferenz, um sich Best-Practice-Beispiele ziviler Konfliktbearbeitung anzuhören.

Wo Verantwortungsverschwörungen mit den Trägern politischer Macht bestehen, gilt es, sich daraus zu lösen und einen eigenständigen Diskurs über die gesellschaftlichen Probleme zu führen. Nicht umsonst soll in einer modernen westlichen Demokratie der Journalismus unabhängig und frei sein, soll auch berichten über das, was demokratisch gewählte Politiker nicht für hilfreich halten. Journalisten sind nicht verantwortlich für das Gelingen einer bestimmten Griechenlandpolitik, nicht für die Qualität der transatlantischen Beziehungen, nicht für die Bewältigung der Flüchtlingskrise. Sie sind auch nicht verantwortlich für die Erziehung ihrer Nutzer, sondern dafür, Öffentlichkeit herzustellen. Was meint, ausgedrückt mit den Worten des emeritierten Dortmunder Journalistik-Professors Horst Pöttker, «alles allgemein bekannt zu machen, was gesellschaftlicher Bearbeitung bedarf. (...) Die

Grundnorm des Journalistenberufs lautet nicht: Drucke oder sende, was dem Publikum frommt und gut tut. Solche Grundgebote haben andere Berufe, etwa die Pädagogen, zu berücksichtigen. (...) Sondern das oberste Gebot der journalistischen Moral verlangt: Drucke oder sende! – Punkt.»[22] Sicherlich gibt es manche Situationen, in denen Zurückhaltung sinnvoll ist, etwa bei der Berichterstattung über Selbstmorde (um Nachahmungswirkungen zu verhindern) oder über polizeiliche Ermittlungen nach Entführungen (um das Leben der Geiseln nicht zusätzlich zu gefährden). Bei komplexeren Feldern aber, sei es in der Außen-, Europa- oder Asylpolitik, relevante Aspekte oder Politikoptionen zu verschweigen, um den Erfolg der gegenwärtigen Regierungsstrategie abzusichern oder ein erwünschtes Meinungsklima herzustellen, gehört ganz sicher nicht zu den Aufgaben von Journalisten. Ebensowenig gehört es zu ihren Aufgaben, das Publikum vor kognitiver Dissonanz zu bewahren, indem sie gesellschaftliche Widersprüche verschleiern oder marginalisieren (was im Übrigen eine wichtige Funktion der zentral gelenkten Medien in der DDR war). Sie sollen diese Widersprüche klar aufzeigen, damit die Kräfte zu ihrer Überwindung wachsen können.

Voraussetzung für das Aufgeben einer pädagogisch-paternalistischen Haltung ist freilich ein Grundvertrauen in die Mündigkeit des Publikums und in die Selbstregulierungskräfte der offenen, demokratischen Gesellschaft. Es gilt, sich von der Angst vor Folgewirkungen frei zu machen, sich von der Fixierung auf die eigenen politischen Eliten als alleinigen Orientierungspunkt zu lösen und auch die eigene elitäre Attitüde abzulegen, die von Zeit zu Zeit zu einer Unterdrückung bestimmter Themen und

Meinungen und somit zu einer gefühlten Bevormundung der Nutzer führt. Vielleicht ist das der Weg zu einem neuen Verhältnis zwischen Journalisten und Nutzern, zu einem Verhältnis auf Augenhöhe.

QUELLENNACHWEISE

I.
EINE VERTRAUENSKRISE WIRD UNÜBERSEHBAR

1 Russland-Berichterstattung: Hörer kritisieren den Deutschlandfunk. 17. 3. 2014: http://www.deutschlandfunk.de/russland-berichterstattung-hoerer-kritisieren-den-dlf.1773.de.html?dram:article_id=28 0271.
2 Julian Staib: Ukraine-Kommentare im Internet: Meinungsschlacht um die Krim. Faz.net vom 26. 3. 2014, http://www.faz.net/aktuell/politik/krim-krise-in-deutschen-medien-was-geht-bloss-in-diesen-koepfen-vor-12865042.html.
3 Stefan Niggemeier: Von Putinverstehern und Journalistenverstehern. Blogeintrag vom 5. 11. 2014, http://www.stefan-niggemeier.de/blog/19716/von-putinverstehern-und-journalistenverstehern/.
4 Stefan Korinth: Der verdrängte Verfassungsbruch. Nachdenkseiten.de vom 4. 12. 2014, http://www.nachdenkseiten.de/?p=24167.
5 Hauke Janssen, Eckart Teichert: Münchhausen-Check: Putin und der legitime Präsident der Ukraine. Spiegel Online vom 6. 3. 2014, http://www.spiegel.de/politik/ausland/ukraine-faktencheck-putin-und-der-legitime-praesident-a-957238.html.
6 Florian Rötzer: Der Rechte Sektor und die «nationale Revolution». Telepolis vom 7. 4. 2014, http://www.heise.de/tp/artikel/41/41442/1.html.
7 Ost-West-Konflikt um die Ukraine: Merkel kämpft für

Klitschko. Spiegel Online vom 8.12.2013, http://www.spiegel.de/politik/ausland/ukraine-merkel-will-klitschko-zum-praesidenten-aufbauen-a-937853.html.

8 Victoria Nuland: Remarks at the U.S.-Ukraine Foundation Conference. Washington, D.C., 13.12.2013, http://www.state.gov/p/eur/rls/rm/2013/dec/218804.htm.

9 Ukraine crisis: Transcript of leaked Nuland-Pyatt call. BBC.com vom 7.2.2014, http://www.bbc.com/news/world-europe-26079957.

10 OpenUkraine – Arseniy Yatsenyuk Foundation, Partners: http://openukraine.org/en/about/partners.

11 Renate Flottau, Erich Follath, Uwe Klußmann, Georg Mascolo, Walter Mayr, Christian Neef: Die Revolutions-GmbH (Teil 1). In: Der Spiegel Nr. 46 vom 14.11.2005, S. 178–199, hier S. 196, http://www.spiegel.de/spiegel/print/d-43103188.html.

12 Uwe Krüger: «Demokratisierung ist eher ein Kollateralnutzen». Interview mit der Politikwissenschaftlerin Mária Huber über die US-Einflussnahme in der Ukraine. Telepolis vom 31.7.2014, http://www.heise.de/tp/artikel/42/42382/1.html.

13 Stephan Stuchlik, Olga Sviridenko, Philipp Jahn: Todesschüsse in Kiew – Wer ist für das Blutbad vom Maidan verantwortlich? ARD Monitor vom 10.4.2014, https://www.youtube.com/watch?v=7DRHxV4Bb7w. Siehe auch den US-Dokumentarfilm «Maidan Massacre» von John Beck Hofmann von 2014, https://www.youtube.com/watch?v=zV-TZQKgAPE.

14 Ivan Kachanovski: The «Snipers' Massacre» on the Maidan in Ukraine. Paper presented at the Chair of Ukrainian Studies Seminar at the University of Ottawa, 1.10.2014, http://www.academia.edu/8776021/The_Snipers_Massacre_on_the_Maidan_in_Ukraine.

15 Richard Zietz: Der Medien-GAU von Odessa. Freitag-Blog vom 4.5.2014, https://www.freitag.de/autoren/maenn-

licherlinker/der-medien-gau-von-odessa und Peter Nowak: Die Toten beim Angriff auf das Gewerkschaftshaus von Odessa. Telepolis vom 16. 8. 2014, http://www.heise.de/tp/news/Die-Toten-beim-Angriff-auf-das-Gewerkschaftshaus-von-Odessa-2293486.html.

16 Stefan Niggemeier: Was der Presserat empfiehlt, ist dem «Spiegel» egal. Blogeintrag vom 29. 9. 2014, http://www.stefan-niggemeier.de/blog/19266/was-der-presserat-empfiehlt-ist-dem-spiegel-egal/.

17 Volker Bräutigam: ARD: Ukraine-Desinformation. Beschwerde wegen Verletzung des NDR-Staatsvertrags. 20. 4. 2014, http://www.rationalgalerie.de/kritik/-haupt-ueberschrift–2.html.

18 Malte Daniljuk: Glasnost bei ARD-Aktuell. Telepolis vom 2. 10. 2014, http://www.heise.de/tp/artikel/42/42940/1.html.

19 Stefan Niggemeier: Von Putinverstehern und Journalistenverstehern. Blogeintrag vom 5. 11. 2014, http://www.stefan-niggemeier.de/blog/19716/von-putinverstehern-und-journalistenverstehern/.

20 ARD-Programmbeirat: Resümee zur Ukraine-Berichterstattung aus Protokoll 582 (Juni 2014), http://www.heise.de/tp/artikel/42/42784/42784_1.pdf.

21 Stefan Winterbauer: Programmbeirat rüffelt ARD-Berichterstattung zur Ukraine-Krise als einseitig und mangelhaft. Meedia.de vom 18. 9. 2014, http://meedia.de/2014/09/18/programmbeirat-rueffelt-ard-berichterstattung-zur-ukraine-krise-als-einseitig-und-ma ngelhaft/.

22 Ukraine-Krise: «Wieder Krieg in Europa? Nicht in unserem Namen!» Zeit Online vom 5. 12. 2014, http://www.zeit.de/politik/2014–12/aufruf-russland-dialog.

23 Julian Staib: Putin schickt ein ganzes Bataillon bezahlter Agenten ins Netz. In: Frankfurter Allgemeine Zeitung vom 20. 6. 2014, S. 15, http://www.faz.net/aktuell/feuilleton/medien/prorussische-kommentare-im-internet-wo-die-meinung-gemacht-wird-129988 00.html und Paul Schreyer:

Deutsche Leserforen in der Hand von Putins Trollen? Telepolis vom 8. 4. 2015, http://www.heise.de/tp/artikel/44/44596/1.html.

24 Kai Gniffke: Zwischenbilanz: Der Ukraine-Konflikt in der Tagesschau. Blogeintrag vom 29. September 2014, https://web.archive.org/web/20150318071428/http://blog.tagesschau.de/2014/09/29/zwischenbilanz-der-ukraine-konflikt-i n-der-tagesschau/.

25 Hans Leyendecker: Der böse Blick. In: Süddeutsche Zeitung vom 11. 11. 2014, S. 11.

26 Rede von Außenminister Frank-Walter Steinmeier anlässlich der Verleihung der Lead Awards in Hamburg, 14. November 2014, http://www.auswaertiges-amt.de/DE/Infoservice/Presse/Reden/2014/141115_Rede_BM_anl%C3%A4sslich_Verleihung_Lead_Awards.html.

27 Julian Nida-Rümelin: Gewaltige Geländegewinne. In: Süddeutsche Zeitung vom 2. 12. 2014, Beilage «Literatur», S. 10, http://www.julian.nida-ruemelin.de/sueddeutsche-zeitung-2-12-2014-gewaltige-gelaendegewinne-zur-ukraine-krise/.

28 Julian Nida-Rümelin: Die Vorwürfe gegen Putin klingen stark nach Kriegs-Propaganda. Stern.de vom 29. 7. 2014, http://www.stern.de/politik/ausland/kommentar-zur-ukraine-krise-die-vorwuerfe-gegen-putin-klingen-stark-nach-kriegs-prop aganda-3956658.html.

29 Gabor Steingart: Der Irrweg des Westens. In: Handelsblatt vom 8. 8. 2014, http://www.handelsblatt.com/meinung/kommentare/politik-der-eskalation-der-irrweg-des-westens-/10308844.html.

30 Manfred Bissinger: Was wichtig war, stand früher in der Zeitung. In: Deutsche Gesellschaft Qualitätsjournalismus (Hrsg.): Quo vadis, Journalismus? Ein Almanach. Frankfurt am Main 2015, S. 48–49, hier S. 49, http://www.faz.media/fileadmin/user_upload/DQGJ-Almanach-Quo-vadis-Journalismus-PDF-Download.pdf.

31 Franziska Augstein: Einfalt oder Vielfalt. Von Pressekonzen-

tration und Selbstgleichschaltung im Zeitungswesen. In: Blätter für deutsche und internationale Politik, Heft 12 / 2005, S. 1492–1502, hier S. 1497.

32 Roland Tichy: Wer oder was zwingt Journalisten in den Meinungs-Mainstream? In: Orientierungen zur Wirtschafts- und Gesellschaftspolitik 118, Heft 4 / 2008, S. XII–XVI, hier S. XII und XVI, http://www.luciusverlag.com/zeitschriften/orientierungen/orientierungen_118_inhalt.pdf.

33 NDR, Infratest dimap: Umfrage-Daten – Vertrauen in die Medien. 15. 12. 2014, http://www.ndr.de/fernsehen/sendungen/zapp/Umfrage-Daten-Vertrauen-in-die-Medien,ukraine550.html.

34 Infratest dimap: Wenig Vertrauen in Medienberichterstattung. Auftraggeber Die Zeit, Mai 2015 http://www.infratest-dimap.de/umfragen-analysen/bundesweit/umfragen/aktuell/wenig-vertrauen-in-medienberichterstattung/.

35 Umfrage: Fast jeder Zweite misstraut den Medien. Zeit Online vom 22. 12. 2014, http://www.zeit.de/politik/deutschland/2014-12/umfrage-medien-russland-putin-kriegsgefahr.

36 Infratest dimap: Glaubwürdigkeit der Medien. Eine Studie im Auftrag des WDR. 31. 10. 2015, http://www1.wdr.de/themen/aktuell/umfrage-glaubwuerdigkeit-medien-100.pdf.

37 Renate Köcher: Deutsche Fragen – deutsche Antworten. Vertrauen und Skepsis – Bürger und Medien. In: Frankfurter Allgemeine Zeitung vom 16. 12. 2015, S. 8, http://www.faz.net/aktuell/politik/fluechtlingskrise/allensbach-umfrage-zu-medienberichterstattung-in-fluechtlingskrise-13967959.html.

38 Institut für Demoskopie Allensbach: Hohes Ansehen für Ärzte und Lehrer – Reputation von Hochschulprofessoren und Rechtsanwälten rückläufig. Allensbacher Berufsprestige-Skala 2013, Allensbacher Kurzbericht, 20. 8. 2013, http://www.ifd-allensbach.de/uploads/tx_reportsndocs/PD_2013_05.pdf.

39 Wolfgang Donsbach, Mathias Rentsch, Anna-Maria Schie-

licke, Sandra Degen: Entzauberung eines Berufs. Was die Deutschen vom Journalismus erwarten und wie sie enttäuscht werden. UVK, Konstanz 2009, hier S. 73 und 97.

40 Studie Journalismus 2009: Zum Status des deutschen Journalismus. Pressemitteilung der Hochschule Macromedia vom 6. 4. 2009, http://www.macromedia-fachhochschule.de/news-details/datum/2009/04//studie-journalismus-2009-zum-status-des-d eutschen-journalismus.html.

41 Transparency International Deutschland: Globales Korruptionsbarometer 2013. Pressemitteilung vom 9. 7. 2013, https://www.transparency.de/2013-07-09-GCB-2013.2322.0.html.

2.
DIE VERTRACKTE MENSCHLICHE WAHRNEHMUNG

1 Jörg Baberowski: Der Westen kapiert es nicht. In: Die Zeit Nr. 11 vom 12. 3. 2015, S. 47, http://www.zeit.de/2015/11/ukraine-krieg-fehler-usa-europa-putin-treue-russland.

2 Gerd Koenen: Was Putin treibt. In: Die Zeit Nr. 12 vom 19. 3. 2015, S. 2–3, http://www.zeit.de/2015/12/russland-wladimir-putin-ukraine-imperialismus.

3 Jörg Baberowski: Der Untersteller. In: Die Zeit Nr. 13 vom 26. 3. 2015, S. 44, http://www.zeit.de/2015/13/ukraine-russland-putin-werte.

4 Ute Volkmann: Legitime Ungleichheiten. Journalistische Deutungen vom «sozialdemokratischen Konsensus» zum «Neoliberalismus». VS Verlag für Sozialwissenschaften, Wiesbaden 2006, hier S. 255.

5 Kai Gniffke: Zwischenbilanz: Der Ukraine-Konflikt in der Tagesschau. Blogeintrag vom 29. September 2014, https://web.archive.org/web/20150318071428/http://blog.tagesschau.de/2014/09/29/zwischenbilanz-der-ukraine-konflikt-i n-der-tagesschau/.

2. DIE VERTRACKTE MENSCHLICHE WAHRNEHMUNG

6 Siegfried Weischenberg, Maja Malik, Armin Scholl: Die Souffleure der Mediengesellschaft. Report über die Journalisten in Deutschland. UVK, Konstanz 2006, hier S. 134 f.
7 Christiane Eilders: Fokussierung und Konsonanz im Mediensystem. In: Christiane Eilders, Friedhelm Neidhardt, Barbara Pfetsch (Hrsg.): Die Stimme der Medien. Pressekommentare und politische Öffentlichkeit in der Bundesrepublik. VS Verlag für Sozialwissenschaften, Wiesbaden 2004, S. 196–228.
8 Albrecht Lüter: Die Kommentarlage. Profilbildung und Polyphonie in medienöffentlichen Diskursen. VS Verlag für Sozialwissenschaften, Wiesbaden 2008, hier S. 149.
9 Anna Veronika Wendland: Wendland an Baberowski: «Wir Untersteller» – Political Correctness oder Gerechtigkeit für Russland? Euromaidan Press vom 31.3.2015, http://de.euromaidanpress.com/2015/03/31/wendland-an-baberowski-wir-untersteller-political-correctness-oder-gerechtigkeit-fuer-russland/.http://de.euromaidanpress.com/2015/03/31/wendland-an-baberowski-wir-untersteller-political-correctness-oder-gerechtigkeit-fuer-russland/
10 Matthis Jungblut: Meinungsvielfalt in der Ukraine-Berichterstattung. Eine Frameanalyse überregionaler Tageszeitungen zum Meinungskorridor in Kommentaren. Masterarbeit, Universität Leipzig 2015 und Friederike Schicht: Konsonanz in der Kommentarberichterstattung zur Krim-Krise. Eine qualitative Inhaltsanalyse deutscher Tageszeitungen. Masterarbeit, Universität Leipzig 2015.
11 Robert P. Vallone, Lee Ross, Marc R. Lepper (1985): The Hostile Media Phenomenon: Biased Perception and Perceptions of Media Bias in Coverage of the Beirut Massacre. In: Journal of Personality and Social Psychology, Heft 3/1985, S. 577–585.
12 Marco Dohle, Tilo Hartmann: Alles eine Frage hoher Reichweite? Eine experimentelle Untersuchung zur Ursache der Entstehung von Hostile-Media-Effekten. In: Medien & Kommunikationswissenschaft, Heft 1/2008, S. 21–41, hier S. 25.

13 Marieluise Beck, Roderich Kiesewetter: «Wir wollen die Wahrheit nicht wissen». Doppelinterview, in: Internationale Politik, Heft 3/2015, S. 40–45, https://zeitschrift-ip.dgap.org/de/ip-die-zeitschrift/archiv/jahrgang-2015/mai-juni/wir-wollen-die-wahrheit-nicht-wissen.

14 Niklas Luhmann: Vertrauen. Ein Mechanismus der Reduktion sozialer Komplexität. Enke, Stuttgart 1989.

3.
DIE SUPPE WIRD DÜNNER

1 Siegfried Weischenberg, Maja Malik, Armin Scholl: Die Souffleure der Mediengesellschaft. Report über die Journalisten in Deutschland. UVK, Konstanz 2006, hier S. 102 und 106.

2 Uwe Krüger: Das Wettrennen im Hamsterrad. In: Message – Internationale Zeitschrift für Journalismus, Heft 3/2009, S. 10–16, hier S. 10.

3 Lutz Mükke: «Journalisten der Finsternis». Akteure, Strukturen und Potenziale deutscher Afrika-Berichterstattung. Herbert von Halem Verlag, Köln 2009, hier S. 418.

4 Mükke 2009, S. 421.

5 Mükke 2009, S. 447 f.

6 Marcel Machill, Markus Beiler, Martin Zenker: Journalistische Recherche im Internet. Bestandsaufnahme journalistischer Arbeitsweisen in Zeitungen, Hörfunk, Fernsehen und Online. Vistas, Berlin 2008, hier S. 90.

7 Anonym: Wie ich Freiherr von Guttenberg zu Wilhelm machte. Bildblog vom 10.2.2009, http://www.bildblog.de/5704/wie-ich-freiherr-von-guttenberg-zu-wilhelm-machte/.

8 Lars Langenau: Diät-Fake «Schokolade macht schlank» – Eine süße Lüge. Süddeutsche.de vom 27.5.2015, http://www.sueddeutsche.de/medien/diaet-fake-schokolade-macht-schlank-eine-suesse-luege-1.2495448.

9 Stefan Niggemeier: Chronologie einer Falschmeldung.

Blogeintrag vom 5.6.2007, http://www.stefan-niggemeier.de/blog/437/chronologie-einer-falschmeldung/.

10 Katajun Amirpur: Der iranische Schlüsselsatz. In: Süddeutsche Zeitung vom 11.5.2010, http://www.sueddeutsche.de/kultur/umstrittenes-zitat-von-ahmadinedschad-der-iranische-schluesselsatz-1.287333.

11 Georg Ruhrmann, Jens Woelke, Michaela Maier, Nicole Diehlmann: Der Wert von Nachrichten im deutschen Fernsehen. Ein Modell zur Validierung von Nachrichten. Leske + Budrich, Opladen 2003.

12 Ana Zhelyazkova, Sandra Wagner, Lara Kobilke, Christian Henne: Medien-Analyse zum Germanwings-Absturz. Munich Digital Institute, 8.5.2015, https://www.munich-digital.com/intelligence/germanwings-analyse.

13 Deutscher Presserat: Germanwings-Beschwerden: Co-Pilot durfte benannt werden. Pressemitteilung vom 4.6.2015, http://www.presserat.de/presserat/news/pressemitteilungen/.

14 Götz Hamann: Der Journalismus steckt in einer Glaubwürdigkeitskrise. Woran liegt das? Und was lässt sich dagegen tun? In: Die Zeit Nr. 26 vom 25.6.2015, S. 8–9, http://www.zeit.de/2015/26/journalismus-medienkritik-luegenpresse-vertrauen-ukraine-krise.

15 Die Vorwürfe gegen Wulff – und was juristisch davon übrig blieb. Faz.net vom 27.8.2013, http://www.faz.net/aktuell/politik/inland/vorwurf-der-vorteilsnahme-strafverfahren-gegen-christian-wulff-eroeffnet-12548460.html.

16 Heribert Prantl: Lehren aus der Causa Wulff – Von der Lawine zum Schneebällchen. Süddeutsche Zeitung vom 10.4.2014, S. 4, http://www.sueddeutsche.de/politik/lehren-aus-der-causa-wulff-von-der-lawine-zum-schneebaellchen-1.1644858.

17 Horst Röper: Daten zur Konzentration der Tagespresse in der Bundesrepublik Deutschland im I. Quartal 2014 – Zeitungsmarkt 2014: Erneut Höchstwert bei Pressekonzentration. In: Media Perspektiven, Heft 5/2014, S. 254–270, http://

www.media-perspektiven.de / publikationen / fachzeitschrift / 2014 / artikel / zeitungsmarkt-2014-erneut-hoechstwert-bei-p ressekonzentration /.

18 Zentralverband der deutschen Werbewirtschaft: Werbung in Deutschland 2001. Verlag edition ZAW, Bonn 2001, S. 19 sowie ders.: Werbung 2015. Verlag edition ZAW, Berlin 2015, S. 9.

19 Katja Kullmann: Echtleben. Warum es heute so kompliziert ist, eine Haltung zu haben. Eichborn, Frankfurt am Main 2011, hier S. 12.

20 P-Magazin.de mit Unterstützung von Deutschem Journalisten-Verband (DVU) und Deutscher Journalistinnen- und Journalisten-Union (dju): Studie «Gefahren für die Innere Pressefreiheit 2013», Grundauswertung. http: // pressefreiheit-in-deutschland.de / online-studie-innere-pressefreiheit-2 /.

21 Institut für Demoskopie Allensbach: Pressefreiheit in Deutschland: Einflussnahmen von außen auf die journalistische Arbeit. 3. 6. 2014, http://www.stiftervereinigung.de / downloads / Einflussnahmen%20auf%20journalistische%20 Arbeit_Summary.pdf.

22 Barbara Baerns: Öffentlichkeitsarbeit oder Journalismus? Zum Einfluss im Mediensystem. Verlag Wissenschaft und Politik, Köln 1985, hier S. 98.

23 Juliana Raupp: Determinationsthese. In: Günter Bentele, Romy Fröhlich, Peter Szyszka (Hrsg.): Handbuch Public Relations. Wissenschaftliche Grundlagen und berufliches Handeln. 2. Auflage. VS Verlag für Sozialwissenschaften, Wiesbaden 2008, S. 192–208, hier S. 204.

24 Tobias D. Höhn: Schnittstelle Nachrichtenagenturen und Public Relations – eine Untersuchung am Beispiel der Deutschen Presse-Agentur (dpa). Diplomarbeit, Universität Leipzig 2005.

25 Uwe Krüger: Das Wettrennen im Hamsterrad. In: Message – Internationale Zeitschrift für Journalismus, Heft 3 / 2009, S. 10–16, hier S. 13.

3. DIE SUPPE WIRD DÜNNER

26 Jörg Eigendorf: Stahlkonzern: Luxusreisen des Thyssen-Managers auf Firmenkosten. Welt.de vom 11.11.2012, http://www.welt.de/wirtschaft/article110891981/Luxusreisen-des-Thyssen-Managers-auf-Firmenkosten.html.
27 Boris Kartheuser: Die Welt ist schön. Luxusreisen mit ThyssenKrupp. In: Netzwerk Recherche (Hrsg.): Gefallen an Gefälligkeiten. Journalismus und Korruption. Kurzstudie in Zusammenarbeit mit Transparency International Deutschland, Otto-Brenner-Stiftung und TU Dortmund. Berlin 2013, S. 29–36, http://www.transparency.de/fileadmin/pdfs/Themen/Medien/nr-kurzstudie-gefallen_an_gefaelligkeiten-web.pdf.
28 P-Magazin.de 2013.
29 Lutz M. Hagen, Anne Fläming, Anne-Marie In der Au: Synchronisation von Nachricht und Werbung. Wie das Anzeigenaufkommen von Unternehmen mit ihrer Darstellung in Spiegel und Focus korreliert. In: Publizistik, Heft 4/2014, S. 367–386.
30 Sven Clausen: Neuer Compliance-Kodex. Dax-Konzerne starten Initiative gegen verdeckte Manipulation von Medien. Manager Magazin Online vom 26.2.2015, http://www.manager-magazin.de/unternehmen/artikel/dax-konzerne-starten-initiative-fuer-sauberen-umgang-mit-medien-a-1019429.html.
31 Lutz Meier: Ein Biosiegel für die Presse. Stern.de vom 27.2.2015, https://web.archive.org/web/20150304051616/http://blogs.stern.de/meiersmedienblog/ein-biosiegel-fuer-die-presse/.

4.
JOURNALISMUS ALS «INDEX» DER POLITISCHEN DEBATTE

1 W. Lance Bennett: Toward a Theory of Press-State Relations in the United States. In: Journal of Communication, Heft 2/1990, S. 103–125.
2 John Zaller, Dennis Chiu: Government's Little Helper. U.S. Press Coverage of Foreign Policy Crises, 1946–1999. In: Brigitte L. Nacos, Robert Y. Shapiro, Pierangelo Isernia (Hrsg.): Decisionmaking in a Glass House. Mass Media, Public Opinion, and American and European Foreign Policy in the 21st Century. Rowman & Littlefield, Lanham/Oxford 2000, S. 61–84.
3 Christiane Eilders, Albrecht Lüter: Gab es eine Gegenöffentlichkeit während des Kosovo-Krieges? Eine vergleichende Analyse der Deutungsrahmen im deutschen Mediendiskurs. In: Ulrich Ulrich, Jörg Becker (Hrsg.): Medien zwischen Krieg und Frieden. Nomos, Baden-Baden 2002, S. 103–122, hier S. 111.
4 Adrian Pohr: Indexing im Einsatz. Eine Inhaltsanalyse der Kommentare überregionaler Tageszeitungen in Deutschland zum Afghanistankrieg 2001. In: Medien und Kommunikationswissenschaft, Heft 2–3/2005, S. 261–276.
5 Torsten Maurer, Jens Vogelgesang, Moritz Weiß, Hans-Jürgen Weiß: Aktive oder passive Berichterstatter? Die Rolle der Massenmedien während des Kosovo-, Afghanistan- und Irakkriegs. In: Barbara Pfetsch, Silke Adam (Hrsg.): Massenmedien als politische Akteure. Konzepte und Analysen. VS Verlag für Sozialwissenschaften, Wiesbaden 2008, S. 144–167, hier S. 157.
6 Silke Adam: Massenmedien als Herausforderer oder Agenturen nationaler Eliten? Eine Analyse der deutschen und französischen EU-Erweiterungsdebatte. In: Barbara Pfetsch, Silke Adam (Hrsg.): Massenmedien als politische Akteure.

Konzepte und Analysen. VS Verlag für Sozialwissenschaften, Wiesbaden 2008, S. 116–143.
7 Eike Mark Rinke, Michael Schlachter, Fabian Agel, Christina Freund, Timo Götz, Ulrike Täuber, Christian Wächter: Netzwerk Berlin. Informelle Interpenetration von Politik und Journalismus. Meidenbauer, München 2006.
8 Hans-Jürgen Arlt, Wolfgang Storz: Wirtschaftsjournalismus in der Krise. Zum massenmedialen Umgang mit Finanzmarktpolitik. Frankfurt/Main: Otto Brenner Stiftung 2010 (OBS-Arbeitsheft 63).
9 Umfrage unter Wirtschaftsjournalisten: Wohin des Weges? Der Wirtschaftsjournalismus zwischen Finanz- und Wirtschaftskrise. In: Message – Internationale Zeitschrift für Journalismus, Heft 1/2009, S. 8–9.
10 Marc Brost: Das muss man doch wagen dürfen! In: Die Zeit, Nr. 34 vom 19. 8. 2010, S. 21.
11 Tino Moritz: Einsame Zweifler. Der Umgang mit dem angeblichen serbischen Hufeisenplan zeigt, wie unkritisch die deutschen Medien bis heute in Sachen Kosovo agieren. In: taz vom 6. 4. 2001, http://www.taz.de/1/archiv/?dig=2001/04/06/a0131.
12 Pierre Bourdieu: Über das Fernsehen. Suhrkamp, Frankfurt am Main 1998, hier S. 35.
13 Pohr 2005, S. 262.
14 Scott L. Althaus: When News Norms Collide, Follow the Lead: New Evidence for Press Independence. In: Political Communication, Heft 4/2003, S. 381–414, hier S. 381.
15 Scott L. Althaus, Jill A. Edy, Robert M. Entman, Patricia Phalen: Revising the Indexing Hypothesis: Officials, Media, and the Libya Crisis. In: Political Communication, Heft 4/1996, S. 407–421, hier S. 419.
16 Matthias Geis, Bernd Ulrich: Ausweitung der Kampfzone. In: Die Zeit Nr. 5 vom 29. 1. 2015, S. 2–3, http://www.zeit.de/2015/05/konsensgesellschaft-alternativlosigkeit-dagegen.

5.
DIE MILIEUS
DER MAINSTREAM-MACHER

1 Albrecht Müller: Meinungsmache. Wie Wirtschaft, Politik und Medien uns das Denken abgewöhnen wollen. Droemer Knaur, München 2009 und Thomas Meyer: Die Unbelangbaren. Wie politische Journalisten mitregieren. Suhrkamp, Berlin 2015.
2 Hans-Jürgen Arlt, Wolfgang Storz: Portionierte Armut, Blackbox Reichtum. Die Angst des Journalismus vor der sozialen Kluft. Rosa-Luxemburg-Stiftung 2014, hier S. 6. http://www.kommunikation-und-arbeit.de / mediapool / 63 / 639017 / data / Auszug_Studien_Portionierte_Armut.pdf.
3 Paul Katzenberger: In der Befindlichkeitsfalle. Süddeutsche. de vom 8. 9. 2015, http://www.sueddeutsche.de / medien / wiederholte-hart-aber-fair-sendung-in-der-befindlichkeitsfalle-1.2638594
4 Nico Fried: Pegida. Eine Absolution des Mitläufertums ist unangebracht. In: Süddeutsche Zeitung vom 21. 1. 2015, S. 4, http://www.sueddeutsche.de / politik / pegida-eine-absolution-des-mitlaeufertums-ist-unangebracht-1.2266366.
5 Jasper von Altenbockum: Jeder Bürger ist Elite. In: Frankfurter Allgemeine Zeitung vom 4. 2. 2015, S. 1, http://www.faz.net / aktuell / politik / inland / pegida-ist-tot-die-lehre-fuer-die-politik-13407293.html.
6 Karl-Heinz Reuband: Wer demonstriert in Dresden für Pegida? Ergebnisse empirischer Studien, methodische Grundlagen und offene Fragen. In: Mitteilungen des Instituts für Parteienrecht und Parteienforschung, 21, 2015, S. 133–143, https://www.phil-fak.uni-duesseldorf.de / fileadmin / Redaktion / Institute / Sozialwissenschaften / Soziologie / Dokumente / Reuband / Reuband_-_Wer_demonstriert_in_Dresden_fuer_Pegida_-_MIP_2015_Seiten_133–143–5.pdf.

7 Harald Martenstein: «Pegida», AfD & Co: Konservative sind keine Nazis. In: Der Tagesspiegel vom 4.1.2015, http://www.tagesspiegel.de/politik/pegida-afd-und-co-konservative-sind-keine-nazis/11181830.html.

8 Hans Vorländer, Maik Herold, Steven Schäller: Populismus, Ressentiment, Empörung. Eine Protestbewegung neuen Stils: Nach einem Jahr Pegida ziehen Politikwissenschaftler der TU Dresden Bilanz. In: Sächsische Zeitung vom 16.10.2015, http://www.sz-online.de/nachrichten/populismus-ressentiment-empoerung-3225107.html.

9 Anti-Islam-Proteste: Jeder Zweite sympathisiert mit Pegida. Zeit Online vom 15.12.2014, http://www.zeit.de/politik/deutschland/2014-12/islam-pegida-fluechtlinge-deutschland-umfrage.

10 Umfrage: Jeder Zweite fürchtet sich vor der Islamisierung Deutschlands. 15.9.2015, http://www.idea.de/thema-des-tages/artikel/jeder-zweite-fuerchtet-sich-vor-der-islamisierung-deutschlands-83462.html.

11 Siegfried Weischenberg, Maja Malik, Armin Scholl: Die Souffleure der Mediengesellschaft. Report über die Journalisten in Deutschland. UVK, Konstanz 2006, S. 71.

12 Statistisches Bundesamt: Bevölkerung nach Bildungsabschluss in Deutschland 2014, https://www.destatis.de/DE/ZahlenFakten/GesellschaftStaat/BildungForschungKultur/Bildungsstand/Tabellen/Bildungsabschluss.html.

13 Weischenberg, Malik, Scholl 2006, S. 68.

14 Weischenberg, Malik, Scholl 2006, S. 69.

15 Stefan Willeke: Akif Pirinçci – Wir Dummschwätzer? In: Die Zeit Nr. 18 vom 25.4.2014, http://www.zeit.de/2014/18/akif-pirincci-verteidiger/komplettansicht.

16 Stefan Niggemeier: «Wo ich lautstarke Medienjournalisten erwarte, höre ich ohrenbetäubendes Schweigen». Interview mit Giovanni di Lorenzo. Übermedien vom 13.1.2016, http://uebermedien.de/465/wo-ich-lautstarke-medienjournalisten-erwarte-hoere-ich-ohrenbetaeubendes-schweigen.

17 Sinus-Institut: Sinus-Milieus 2015, http://www.sinus-institut.de/sinus-loesungen/sinus-milieus/.
18 Johannes Raabe: Die Beobachtung journalistischer Akteure. Optionen einer empirisch-kritischen Journalismusforschung. VS Verlag für Sozialwissenschaften, Wiesbaden 2005, S. 258–260.
19 Julia Friedrichs: Akademiker unter sich. In: Message – Internationale Zeitschrift für Journalismus, Heft 1/2013, S. 20–21.
20 Pierre Bourdieu: Vom Gebrauch der Wissenschaft. Für eine klinische Soziologie des wissenschaftlichen Feldes. UVK, Konstanz 1998, S. 25.
21 Peter Ziegler: Die Journalistenschüler. Rollenselbstverständnis, Arbeitsbedingungen und soziale Herkunft einer medialen Elite. Friedrich-Ebert-Stiftung, Bonn 2008 (hier S. 14), http://library.fes.de/pdf-files/stabsabteilung/05773.pdf.
22 Klarissa Lueg: Habitus, Herkunft und Positionierung. Die Logik des journalistischen Feldes. VS Verlag für Sozialwissenschaften, Wiesbaden 2012, S. 107.

6.
EMBEDDED IN ELITEN-NETZWERKEN

1 Ursula Hoffmann-Lange: Eliten, Macht und Konflikt in der Bundesrepublik. Leske + Budrich, Opladen 1992, S. 35.
2 Heinz Bude: Auf der Suche nach Elite. In: Kursbuch 139, März 2000, S. 9–16, hier S. 10.
3 Joachim Gauck: «Deutschlands Rolle in der Welt: Anmerkungen zu Verantwortung, Normen und Bündnissen». Eröffnung der 50. Münchner Sicherheitskonferenz, 31.1.2014, http://www.bundespraesident.de/SharedDocs/Reden/DE/Joachim-Gauck/Reden/2014/01/140131-Muenchner-Sicherheitskonferenz.html.
4 Richard Hilmer, Rainer Stocker: Die Sicht der Deutschen auf die Außenpolitik. Eine Studie von TNS Infratest Politik-

forschung im Auftrag der Körber-Stiftung, Mai 2014, http://www.koerber-stiftung.de/fileadmin/user_upload/internationale_politik/sonderthemen/umfrage_aussenpolitik/Koerber-Stiftung_Umfrage_Aussenpolitik_Grafiken.pdf.

5 Jochen Bittner, Matthias Naß: Kurs auf die Welt. In: Die Zeit Nr. 7 vom 6. 2. 2014, S. 3, http://www.zeit.de/2014/07/deutsche-aussenpolitik-sicherheitskonferenz/komplettansicht.

6 Neue Macht, neue Verantwortung – Elemente einer deutschen Außen- und Sicherheitspolitik für eine Welt im Umbruch. Ein Papier der Stiftung Wissenschaft und Politik (SWP) und des German Marshall Fund of the United States (GMF), 2013 (hier S. 17), http://www.swp-berlin.org/fileadmin/contents/products/projekt_papiere/DeutAussenSicherhpol_SWP_GMF_2013.pdf.

7 Jochen Bittner, Michael Thumann: Der Bundestag und der Krieg. Interview mit Volker Rühe. In: Die Zeit Nr. 28 vom 3. 7. 2014, http://www.zeit.de/2014/28/volker-ruehe-bundeswehr-engagement.

8 Jochen Bittner: Tweet vom 24. 10. 2014, https://twitter.com/jochenbittner/status/525611192539439104.

9 Albrecht Metzger: Transatlantische Netzwerke und deutsche Außenpolitik. In: Zeitfragen, Deutschlandradio Kultur vom 24. 11. 2014, 19.30 Uhr, Sendemanuskript (hier S. 7) http://www.deutschlandradiokultur.de/transatlantische-netzwerke-und-deutsche-aussenpolitik-pdf.media.b4435e68b38e17b63735fc6638d7ffd7.pdf.

10 Atlantik-Brücke: A Message to the People of the United States of America, Zeitungsanzeige in der New York Times vom 16. 2. 2003, https://www.atlantik-bruecke.org/service/dokumente/a-message-to-the-people-of-the-united-states-of-america.pdf.

11 Arbeitsstab Dr. Sommer: Die Bundeswehr und ihr Umgang mit Gefährdungen und Gefahrstoffen. Uranmunition, Radar, Asbest. Bundesministerium der Verteidigung, Berlin/

Bonn 21.6.2001, http://gruppen.tu-bs.de/studver/StudResK/bericht_uran.pdf.

12 Leitfaden für Bundeswehrkontingente in Afghanistan, Stand 11/2005: http://www.uran-munition.de/material/10-Afghanistan-Manual.pdf.

13 Die Zeit: Verteidigungsminister Rudolf Scharping überreichte Dr. Theo Sommer das Ehrenkreuz der Bundeswehr in Gold, Pressemitteilung vom 10.1.2002, http://www.presseportal.de/pm/9377/314356.

14 Private Website von Dr. Theo Sommer: http://www.theosommer.de/.

15 Uwe Krüger: «Networking auf sehr hohem Niveau». Interview mit Theo Sommer. In: Message – Internationale Zeitschrift für Journalismus, Heft 3/2007, S. 61, https://www.lobbycontrol.de/download/Message_Bilderberg.pdf.

16 Bilderberg (Official Website), Steering Committee: http://www.bilderbergmeetings.org/steering-committee.html.

17 Uwe Krüger: Alpha-Journalisten embedded? In: Message – Internationale Zeitschrift für Journalismus, Heft 3/2007, S. 54–60, hier S. 59, https://www.lobbycontrol.de/download/Message_Bilderberg.pdf.

18 Bundesakademie für Sicherheitspolitik, https://www.baks.bund.de/.

19 Daniel Bröckerhoff: «Es ist Teil meines Geschäfts». Interview mit Stefan Kornelius (Rohversion) für Zapp – Das Medienmagazin, NDR Fernsehen 14.5.2014, https://web.archive.org/web/*/http://www.ndr.de/fernsehen/sendungen/zapp/zapp7506.html.

20 Deutsche Atlantische Gesellschaft: Wir über uns > Präsidium > Beisitzer (Stand: 19.7.2007), https://web.archive.org/web/20070719220914/http://www.deutscheatlantischegesellschaft.de/cms/front_content.php?id cat=102.

21 Deutsche Atlantische Gesellschaft: Leitbild und Auftrag (Stand: 22.10.2014), https://web.archive.org/web/20141022

014056 / http: // www.deutscheatlantischegesellschaft.de / cms / front_content.php?i dcat=117.

22 Atlantik-Brücke: Über uns, https: // www.atlantik-bruecke. org / ueber-uns /.

23 Atlantik-Brücke: Über uns > Gremien > Vorstand, https: // www.atlantik-bruecke.org / ueber-uns / gremien / vorstand /.

24 Uwe Krüger: Meinungsmacht. Der Einfluss von Eliten auf Leitmedien und Alpha-Journalisten – eine kritische Netzwerkanalyse. Herbert von Halem Verlag, Köln 2013, hier S. 20.

25 Axel Springer SE: Unternehmensporträt > Grundsätze und Leitlinien, http: // www.axelspringer.de / artikel / Grundsaetze-und-Leitlinien_40218.html.

26 Petra Sorge: Aspen-Institut zeichnet Aspen-Alumnus Mathias Döpfner aus. Cicero online vom 23. 10. 2014, http: // www.cicero.de / kapital / axel-springer-chef-aspen-institut-zeichnet-aspen-alumnus-mathias-doepfner-aus / 58396.

27 Krüger 2013, S. 105–150.

28 Paul Schreyer: Mit dem gebotenen Hohn. Telepolis vom 24. 5. 2014, http: // www.heise.de / tp / artikel / 41 / 41850 / 1.html.

29 Alle Zitatnachweise finden sich in Krüger 2013, S. 175–198.

30 Bernd Ulrich: Sagt uns die Wahrheit! Was die Politiker verschweigen und warum. Kiepenheuer & Witsch, Köln 2015, S. 48.

31 Annette Milz: «Das Schlimmste sind naive Journalisten». Interview mit FAZ-Herausgeber Günther Nonnenmacher. In: Medium Magazin, Heft 11 / 2014, S. 18–22, hier S. 21.

32 Milz 2014, S. 20.

33 Infratest dimap: Sieben von zehn Deutschen für einen schnellstmöglichen Abzug der Bundeswehr aus Afghanistan, April 2010, http: // www.infratest-dimap.de / umfragen-analysen / bundesweit / umfragen / aktuell / sieben-von-zehn-deutschen-fuer-einen-schnellstmoeglichen-abzug-der-bundeswehr-aus-afghanistan /.

34 Richard Hilmer, Rainer Stocker: Die Sicht der Deutschen

auf die Außenpolitik. Eine Studie von TNS Infratest Politikforschung im Auftrag der Körber-Stiftung, Mai 2014, http://www.koerber-stiftung.de/fileadmin/user_upload/internationale_politik/sonderthemen/umfrage_aussenpolitik/Koerber-Stiftung_Umfrage_Aussenpolitik_Grafiken.pdf.

35 Infratest dimap: Eine Umfrage zur politischen Stimmung im Auftrag der ARD-Tagesthemen und der Tageszeitung Die Welt, April 2014, http://www.infratest-dimap.de/fileadmin/_migrated/content_uploads/dt1404_bericht.pdf.

36 German Marshall Fund of the United States: Transatlantic Trends. Key Findings 2014, http://trends.gmfus.org/files/2012/09/Trends_2014_complete.pdf.

37 Katie Simmons, Bruce Stokes, Jacob Poushter: NATO Publics Blame Russia for Ukrainian Crisis, but Reluctant to Provide Military Aid, Pew Research Center, 10.6.2015, http://www.pewglobal.org/2015/06/10/nato-publics-blame-russia-for-ukrainian-crisis-but-reluctant-to-provide-military-aid/.

7.
DIE VERANTWORTUNGSVERSCHWÖRUNG

1 Tilo Jung: Asyl für «jeden politisch Verfolgten» – Warum dann nicht Edward Snowden? Jung & naiv vom 18.9.2015, https://www.youtube.com/watch?v=-pitc_FWm2Q.

2 Bundespressekonferenz: Satzung, http://www.bundespressekonferenz.de/verein/satzung.

3 Uwe Krüger: Meinungsmacht. Der Einfluss von Eliten auf Leitmedien und Alpha-Journalisten – eine kritische Netzwerkanalyse. Herbert von Halem Verlag, Köln 2013, hier S. 34.

4 Ulrike Simon: Die Hintergrundzirkel der Macht. In: Medium Magazin, Heft 2–3/2014, Beilage «Berlin intern», S. 6–10, hier S. 8.

5 Christoph Schwennicke: Die Merkel-Versteher. In: Medium

7. DIE VERANTWORTUNGSVERSCHWÖRUNG

Magazin, Heft 2–3 / 2014, Beilage «Berlin intern», S. 4–5, hier S. 4.
6 Sebastian Feuß: Nur für Ihren Hinterkopf. In: Message – Internationale Zeitschrift für Journalismus, Heft 3 / 2008, S. 10–21, hier S. 12.
7 Jakob Augstein: Das ist nicht Ihr Kanzleramt! Serie «Wozu noch Journalismus?», Teil 4. Süddeutsche.de vom 22. 7. 2010, http: // www.sueddeutsche.de / medien / serie-wozu-noch-journalismus-das-ist-nicht-ihr-kanzleramt-1.63398.
8 Feuß 2008, S. 15.
9 Feuß 2008, S. 12.
10 Feuß 2008, S. 21.
11 Jürgen Leinemann: Richie und Rita und ich. In: Spiegel Special, Heft 1 / 1995 («Die Journalisten»), S. 76–79, hier S. 77 und 79, http: // www.spiegel.de / spiegel / spiegelspecial / d-9157503.html.
12 Ulrich Wickert: Alles, was uns fehlt, ist Solidarität. In: Henryk M. Broder (Hrsg.): Die Schere im Kopf. Von Zensur und Selbstzensur. Bund-Verlag, Köln 1976, S. 138–146, hier S. 141 f.
13 Feuß 2008, S. 19.
14 Schwennicke 2014, S. 5.
15 Jens Peter Paul: Bilanz einer gescheiterten Kommunikation. Fallstudien zur deutschen Entstehungsgeschichte des Euro und ihrer demokratietheoretischen Qualität. Dissertation, Johann-Wolfgang-Goethe-Universität Frankfurt am Main 2010, hier S. 52, http: // cdn.negocios.xl.pt / files / 2013–04 / 09–04–2013_16_39_06_tesekohl.pdf.
16 Hajo Friedrich: Im Gleichschritt. Wie Journalisten in Brüssel auf Verantwortungsbewusstsein und gutes Europäertum eingeschworen werden. In: Message – Internationale Zeitschrift für Journalismus, Heft 1 / 2012, S. 53–56, hier S. 56.
17 Friedrich 2012, S. 55.
18 Sebastian Köhler: Helfen und Geld geben ist seliger als nehmen, oder? Blogeintrag vom 10. 6. 2015, http: // blogs.hmkw.de / HierMagKritisiertWerden / ?p=463.

19 Norbert Häring: Tagesthemen markieren neuen Tiefpunkt des beitragsfinanzierten Kampagnenjournalismus. Blogeintrag vom 15.6.2015, http://norberthaering.de/de/27-german/news/401-tagesthemen.

20 Brigitte Baetz: Das TINA-Syndrom. Die Griechenland-Krise in den deutschen Medien. Deutschlandfunk, 2.10.2015, Manuskript: http://www.deutschlandfunk.de/skript-das-tina-syndrom-pdf-datei.media.f25cd999a9c9ceabfc2ebe4f-b733aee9.pdf.

21 Hart aber fair: «Griechen-Poker im Bürgercheck – Ist das unser Europa?», ARD, 30.6.2015, https://www.youtube.com/watch?v=PU45uThQvUY.

22 Ständige Publikumskonferenz der öffentlich-rechtlichen Medien: ARD – Griechenland – Militärausgaben und BIP. Programmbeschwerde an den Norddeutschen Rundfunk vom 26.6.2015, https://publikumskonferenz.de/forum/viewtopic.php?t=762&p=3254.

23 Norbert Häring: Programmbeschwerde an den ARD-Programmdirektor. Blogeintrag vom 22.3.2015, http://norberthaering.de/de/27-german/news/314-programmbeschwerde#weiterlesen.

24 Ständige Publikumskonferenz der öffentlich-rechtlichen Medien: ZDF – heute-journal – Griechenland – Falschdarstellung. Programmbeschwerde an die ZDF-Intendanz vom 24.6.2015, https://publikumskonferenz.de/forum/viewtopic.php?f=30&t=754.

25 Stefan Niggemeier: Warum der ZDF-Korrespondent eine Demo in Athen unmöglich richtig beschreiben konnte. Blogeintrag vom 6.7.2015, http://www.stefan-niggemeier.de/blog/21423/warum-der-zdf-korrespondent-eine-demo-in-athen-unmoeglich-richtig-be schreiben-konnte/.

26 Marcus Klöckner: Talkshow-Kritik: Völlige Einseitigkeit und ein nationaler Wir-Diskurs. Interview mit Matthias Thiele. Telepolis vom 29.7.2015, http://www.heise.de/tp artikel/45/45564/1.html.

27 Michalis Pantelouris: Der Geldbote von Amorgos. In: Die Zeit Nr. 29 vom 16. 7. 2015, http://www.zeit.de/2015/29/griechenland-europa-amorgos-sparpolitik.

28 Jan Fleischhauer: S. P. O. N. – Der schwarze Kanal: Wie naiv wollen wir sein? Spiegel Online vom 6. 10. 2015, http://www.spiegel.de/politik/deutschland/fluechtlinge-wie-naiv-wollen-wir-bei-der-zuwanderung-sein-kolumne-a-10563 64.html.

29 Jochen Buchsteiner: Kritik aus Großbritannien: «Die Deutschen wirken sehr unsympathisch». Faz.net vom 22. 9. 2015, http://www.faz.net/aktuell/politik/fluechtlingskrise/kritik-aus-grossbritannien-die-deutschen-wirken-sehr-unsympathisch-138 13916.html.

30 Der Silvesterskandal – Wer schützt uns noch? Phoenix Runde spezial vom 7. 1. 2016 (ab Min. 25:15), https://www.youtube.com/watch?v=pZBgpILyMMo.

31 Elmar Theveßen: Warum die heute 19 Uhr-Sendung am Montag nicht über Köln berichtete. Facebook-Eintrag vom 5. 1. 2016, https://www.facebook.com/ZDFheute/photos/a.275406990679.144521.112784955679/10153865883565680/?type=3.

32 Giovanni di Lorenzo: Zu viel des Guten? In: Die Zeit Nr. 40 vom 1. 10. 2015, S. 1, http://www.zeit.de/2015/40/fluechtlinge-syrer-deutsche-hilfe.

33 Dirk Müller: «Es gibt ein Diskursverbot», Boris Palmer zur Flüchtlingspolitik. Deutschlandfunk, 26. 10. 2015, http://www.deutschlandfunk.de/boris-palmer-zur-fluechtlingspolitik-es-gibt-ein.694.de.html?dram:article_id=335011.

34 Kritik an Flüchtlingspolitik: Magdeburger Bürgermeister verlässt die SPD. Spiegel Online vom 14. 10. 2015, http://www.spiegel.de/politik/deutschland/lutz-truemper-magdeburger-ob-verlaesst-spd-wegen-fluechtlingspolitik-a-1057832.html.

35 Renate Köcher: Deutsche Fragen – deutsche Antworten. Vertrauen und Skepsis – Bürger und Medien. In: Frankfurter Allgemeine Zeitung vom 16. 12. 2015, S. 8, http://www.faz.

net/aktuell/politik/fluechtlingskrise/allensbach-umfrage-zu-medienberichterstattung-in-fluechtlingskrise-13967959.html.
36 Heribert Seifert: Deutsche Medien: Minenfeld Migration. In: Neue Zürcher Zeitung vom 16. 6. 2015, http://www.nzz.ch/feuilleton/medien/minenfeld-migration-1.18562659.
37 Bernd Ulrich: Warum sagen sie nicht, was ist? In: Die Zeit Nr. 18 vom 29. 4. 2015, S. 1–2, http://www.zeit.de/2015/18/politik-wahrheit.
38 Giovanni di Lorenzo: Zu viel des Guten? In: Die Zeit Nr. 40 vom 1. 10. 2015, S. 1, http://www.zeit.de/2015/40/fluechtlinge-syrer-deutsche-hilfe.
39 Christina von Hodenberg: Konsens und Krise. Eine Geschichte der westdeutschen Medienöffentlichkeit 1945–1973. Wallstein-Verlag, Göttingen 2006, S. 441.
40 Von Hodenberg 2006, S. 460.
41 Jasper von Altenbockum: Marktkonforme Demokratie? Oder demokratiekonformer Markt? Faz.net vom 15. 4. 2012, http://www.faz.net/aktuell/politik/harte-bretter/marktkonforme-demokratie-oder-demokratiekonformer-markt-11712359.html.

8.
ES GEHT UMS GANZE

1 6. Erfurter AfD-Demo – ZDF-Reportage von Dunja Hayali, Rohmaterial (Erfurt, 28. 10. 2015), https://www.youtube.com/watch?v=Erx-UO8ZiNM.
2 Jasper von Altenbockum: Jeder Bürger ist Elite. In: Frankfurter Allgemeine Zeitung vom 4. 2. 2015, S. 1, http://www.faz.net/aktuell/politik/inland/pegida-ist-tot-die-lehre-fuer-die-politik-13407293.html.
3 Bundesverfassungsgericht: Spiegel-Urteil, 1966. BVerfGE 20, 162, http://www.servat.unibe.ch/dfr/bv020162.html.

4 Colin Crouch: Postdemokratie. Suhrkamp, Frankfurt am Main 2008, hier S. 10.
5 Patrick Schreiner: «Es geht nicht so sehr um Neugründung, sondern um effektive Gegenmacht.» Interview mit Kolja Möller. Nachdenkseiten.de vom 23.10.2015, http://www.nachdenkseiten.de/?p=28058.
6 NATO-Gipfel Chicago: Bundestagsrede von Agnieszka Brugger am 27.6.2013, http://www.gruene-bundestag.de/parlament/bundestagsreden/2013/juni/nato-gipfel-chicago_ID_4389284.html.
7 Herbert Klar, Ulrich Stoll: Neue US-Atomwaffen in Deutschland. ZDF Frontal 21 vom 22.9.2015, http://www.zdf.de/frontal-21/stationierung-neuer-us-atomwaffen-in-deutschland-russland-beklagt-verletzung-des-atomwaffensperrvertrages-40197860.html.
8 Gero von Randow: Verschwörungstheorien. Zufall? Niemals! In: Die Zeit Nr. 45 vom 30.10.2014, S. 1, http://www.zeit.de/2014/45/verschwoerungstheorien-zufall, sowie Stefan Kornelius: In der Niemandswelt. In: Süddeutsche Zeitung, Der große Jahresrückblick 2014, S. 72–74, hier S. 73.
9 Lutz Hachmeister: Einleitung. Das Problem des Elite-Journalismus. In: Lutz Hachmeister, Friedemann Siering: Die Herren Journalisten. Die Elite der deutschen Presse nach 1945. C. H. Beck Verlag, München 2002, S. 7–34, hier S. 17.
10 Hachmeister 2002, S. 33.
11 Bernd Ulrich: Sagt uns die Wahrheit! Was die Politiker verschweigen und warum. Kiepenheuer & Witsch, Köln 2015, S. 47.
12 Reinhard Lauterbach: Keine Skrupel. In: Junge Welt vom 9./10.1.2016, Beilage «Selber tun!», S. 11 und Reinhard Lauterbach: Vaterländischer Informationsraum. In: Junge Welt vom 23.10.2014, S. 15.
13 Ulrich Teusch: Vertrauen ist gut ... Die Medien und ihre Kritiker. Radio-Feature, SWR 2 am 30.12.2015, 22.03 Uhr, http://www.swr.de/swr2/programm/sendungen/feature/

swr2-feature-vertrauen-ist-gut/-/id=659934/did=16445760/
nid=659934/ 89ki5z/index.html.

14 Anne Morelli: Die Prinzipien der Kriegspropaganda. Zu Klampen, Springe 2004.

15 Nafeez Ahmed: Good news: UK counter-extremism plans could be used to silence Katie Hopkins. Middle East Eye vom 13. 5. 2015, http://www.middleeasteye.net/columns/good-news-uk-counter-extremism-plans-could-be-used-silence-katie-hopkins -1353190385.

16 Christoph Sydow: Vergessener Krieg: Saudi-Arabien bombt den Jemen ins Elend. Spiegel Online vom 29. 7. 2015, http://www.spiegel.de/politik/ausland/jemen-saudi-arabiens-krieg-gegen-die-huthis-hat-schlimme-folgen-a-1045758.html.

17 Alexander Smoltczyk: Aufstand in Bahrain: Verbieten, verhaften, vertuschen. Spiegel Online vom 16. 4. 2011, http://www.spiegel.de/politik/ausland/aufstand-in-bahrain-verbieten-verhaften-vertuschen-a-757289.html.

18 Tilgner verlässt das ZDF. In: Migros Magazin Nr. 7 vom 11. 2. 2008, S. 28.

19 Marcus Klöckner: «Es handelt sich nicht um eine Medienverdrossenheit». Interview mit Heiko Hilker. Telepolis vom 7. 1. 2015, http://www.heise.de/tp/artikel/43/43762/1.html.

20 Heiko Hilker: Zur Historie der «Lügenpresse». Vortrag im Rahmen der Linken Medienakademie, 21. 9. 2015, http://www.linkemedienakademie.de/wp-content/uploads/2015/09/Lu%CC%88genpresse-LIMA-2015–1.pdf.

21 Thomas Mohr: Persönliche Nachgedanken zur Sicherheitskonferenz. München, 9. 2. 2009, http://www.msk-veraendern.de/resources/Thomas+Mohr+Vorl$C3$A4ufige+Bilanz+MSK+2009.pdf.

22 Horst Pöttker: Öffentlichkeit als gesellschaftlicher Auftrag. Zum Verhältnis von Berufsethos und universaler Moral im Journalismus. In: Rüdiger Funiok, Udo Schmälzle, Christoph Werth (Hrsg.): Medienethik. Die Frage der Verantwortung. Bundeszentrale für politische Bildung, Bonn 1999, S. 215–232, hier S. 221.

AUS DEM VERLAGSPROGRAMM

Zeitgeschichte

Navid Kermani
Einbruch der Wirklichkeit
Auf dem Flüchtlingstreck durch Europa
Mit Photographien von Moises Saman
2016. 96 Seiten mit 12 Photographien und 1 Karte. Klappenbroschur
Beck Paperback Band 6241

Navid Kermani
Ausnahmezustand
Reisen in eine beunruhigte Welt
8. Auflage. 2016. 301 Seiten mit 11 Karten. Klappenbroschur
Beck Paperback Band 6150

Karl-Heinz Meier-Braun
Die 101 wichtigsten Fragen: Einwanderung und Asyl
2., aktualisierte Auflage. 2015. 160 Seiten. Broschiert
Beck Paperback Band 7044

Stefan Luft
Die Flüchtlingskrise
Ursachen, Konflikte, Folgen
2016. 128 Seiten mit 4 Grafiken. Broschiert
C. H. Beck Wissen Band 2857

Jochen Oltmer
Globale Migration
Geschichte und Gegenwart
2012. 128 Seiten mit 3 Karten. Paperback
C. H. Beck Wissen Band 2761

Patrick Kingsley
Die neue Odyssee
Eine Geschichte der europäischen Flüchtlingskrise
352 Seiten mit 14 Abbildungen und 5 Karten. Gebunden

Verlag C.H.Beck München

Zeitgeschichte

Emmanuel Todd
Wer ist Charlie?
Die Anschläge von Paris und die Verlogenheit des Westens
Aus dem Französischen von Enrico Heinemann
2015. 236 Seiten mit Karten, Grafiken und Tabellen. Klappenbroschur
Beck Paperback Band 6224

Mike Smith
Boko Haram
Der Vormarsch des Terror-Kalifats
Aus dem Englischen von Ursula Pesch, Karlheinz Dürr und Karsten Petersen
2015. 288 Seiten mit 3 Karten. Klappenbroschur
Beck Paperback Band 6222

Garance Le Caisne
Codename Caesar
Im Herzen der syrischen Todesmaschinerie
Aus dem Französischen von Stefan Lorenzer
2016. 249 Seiten mit 5 Abbildungen und 1 Karte. Klappenbroschur

Behnam T. Said
Islamischer Staat
IS-Miliz, al-Qaida und die deutschen Brigaden
4., aktualisierte und erweiterte Auflage. 2015. 239 Seiten
mit 7 Abbildungen und 1 Karte. Klappenbroschur
Beck Paperback Band 6144

Michael Lüders
Wer den Wind sät
Was westliche Politik im Orient anrichtet
16. Auflage.2016. 175 Seiten mit 1 Karte. Klappenbroschur
Beck Paperback Band 6185

Tilman Seidensticker
Islamismus
Geschichte, Vordenker, Organisationen
4., durchgesehene und aktualisierte Auflage. 2016. 27 Seiten. Broschiert
C. H.Beck Wissen Band 2827

Verlag C.H.Beck München